LEITFADEN DER RECHTSWISSENSCHAFT

Band 8

Gerichtsverfassung

Von

Dr. Hanswerner Müller

Oberlandesgerichtsrat in Hamm

Berlin 1951

WALTER DE GRUYTER & CO.

vorm. G. J. Göschen'sche Verlagshandlung · J. Guttentag, Verlagsbuchhandlung · Georg Reimer · Karl J. Trübner · Veit & Comp.

Archiv-Nr. 231551/8
Satz, Druck und Bindearbeiten:
Dr. F. P. Datterer & Cie. (Inh. Sellier), Freising

Vorwort

Diese Darstellung der Gerichtsverfassung ist als Ergänzung der verfahrensrechtlichen Bände „Zivilprozeß", „Strafprozeß" und „Freiwillige Gerichtsbarkeit" gedacht, bei denen bewußt darauf verzichtet ist, auf Dinge der Gerichtsverfassung näher einzugehen.

Die Darstellung beruht auf dem Stande, wie er für ganz Westdeutschland durch das Wiedervereinheitlichungsgesetz der Bundesrepublik vom 12. 9. 1950 mit Wirkung vom 1. 10. 1950 geschaffen worden ist.

Inhaltsverzeichnis

Abkürzungsverzeichnis

(§§ ohne Gesetzesangabe sind solche des GVG)

AA	=	Amtsanwalt
ABl	=	Amtsblatt
AG	=	Amtsgericht
AGD	=	Amtsgerichtsdirektor
AGPr	=	Amtsgerichtspräsident
AGR	=	Amtsgerichtsrat
ÄnduErgVO	=	Änderungs- und Ergänzungs-Verordnung
AR	=	Amtsrichter
ArbGG	=	Arbeitsgericht
AufsR	=	Aufsichtsführender Richter
AV	=	Allgemeine Verfügung
AVAVG	=	Gesetz über Arbeitsvermittlung und Arbeitslosenversicherung
AVG	=	Angestelltenversicherungsgesetz
AVO	=	Ausführungsverordnung
BayObLG	=	Bayerisches Oberstes Landesgericht
Bekm	=	Bekanntmachung
BGB	=	Bürgerliches Gesetzbuch
BGBl	=	Bundesgesetzblatt
BGH	=	Bundesgerichtshof
BJM	=	Bundesjustizminister(ium)
BKAGes	=	Gesetz über die Errichtung eines Bundeskriminalpolizeiamtes vom 6. 3. 1951 (BGBl 165)
BP	=	Bundespräsident
BPG	=	Bundespersonalgesetz
brZ	=	britische Zone
BSchVG	=	Gesetz über das Verfahren in Binnenschiffahrtssachen vom 31. 1. 1937 (RGBl I 97)
BtGes	=	Beamtengesetz
BVerfGerGes	=	Gesetz über das Bundesverfassungsgericht vom 12. 3. 1951 (BGBl 243)
DJ	=	Deutsche Justiz
DOG	=	Deutsches Obergericht für das Vereinigte Wirtschaftsgebiet
DVO	=	Durchführungsverordnung
EG	=	Einführungsgesetz

Eheges	=	Ehegesetz vom 20 2. 1946 (Kontrollratsgesetz Nr 16)
FGG	=	Reichsgesetz über die Angelegenheiten der freiwilligen Gerichtsbarkeit
GBA	=	Grundbuchamt
GBO	=	Grundbuchordnung
GenStA	=	Generalstaatsanwalt
GerVollz	=	Gerichtsvollzieher
GerVollzGebO	=	Gebührenordnung für Gerichtsvollzieher
GKG	=	Gerichtskostengesetz
GS	=	Gesetzsammlung
GrdGes	=	Grundgesetz für die Bundesrepublik Deutschland
GrSen	=	Großer Senat
GV	=	Gerichtsverfassung
GVG	=	Gerichtsverfassungsgesetz
HGB	=	Handelsgesetzbuch
HK	=	Hochkommission
HR	=	Handelsrichter
IHK	=	Industrie- und Handelskammer
JM	=	Justizminister(ium)
JMBl	=	Justizministerialblatt
KfHs	=	Kammer für Handelssachen
KO	=	Konkursordnung
KontrR	=	Kontrollrat
KostO	=	Kostenordnung
Ldw	=	Landwirtschaft
LG	=	Landgericht
LGD	=	Landgerichtsdirektor
LGPr	=	Landgerichtspräsident
LGR	=	Landgerichtsrat
LJM	=	Landesjustizminister(ium)
LJVerw	=	Landesjustizverwaltung
LVO	=	Verfahrensordnung für Landwirtschaftssachen vom 2. 12. 1947 (VOBl BZ 157)
LVR	=	VO über Rechtsbeschwerde in Landwirtschaftssachen vom 15 10. 1948 (VOBl BZ 313)
MdI	=	Minister des Innern
MDR	=	Monatsschrift für Deutsches Recht
MEA	=	Mieteinigungsamt
MilReg	=	Militärregierung
MRABl	=	Amtsblatt der Militärregierung
MSchG	=	Gesetz über Mieterschutz und Mieteinigungsämter vom 15 12. 1942
NJW	=	Neue Juristische Wochenschrift
NRW	=	Nordrhein-Westfalen
OAR	=	Oberamtsrichter

OBA	= Oberbundesanwalt
ObGH	= Oberster Gerichtshof für die britische Zone
OLG	= Oberlandesgericht
OLGPr	= Oberlandesgerichtspräsident
OLGR	= Oberlandesgerichtsrat
PatAnw	= Patentanwalt
Prokl	= Proklamation
RA	= Rechtsanwalt
RAbgO	= Reichsabgabenordnung
RAnwGebO	= Gebührenordnung für Rechtsanwälte
REntV	= Reichsentlastungsverfügung vom 3. 7. 1943
revRhSchA	= revidierte Rheinschiffahrts-Akte vom 17. 10. 1868/4. 6. 1898
RGBl	= Reichsgesetzblatt
RhSchGG	= Rheinschiffahrtsgerichtsgesetz vom 5. 9. 1935 (RGBl. I 1142)
RKnG	= Reichsknappschaftsgesetz
RNotO	= Reichsnotarordnung
RVO	= Reichsversicherungsordnung
SchG	= Schöffengericht
SchwG	= Schwurgericht
SenPr	= Senatspräsident
StA	= Staatsanwalt(schaft)
StrK	= Strafkammer
StP	= Strafprozeß
StrS	= Strafsenat
UdG	= Urkundsbeamter der Geschäftsstelle
VerGrSen	= Vereinigte Große Senate
VO	= Verordnung
VOBlBZ	= Verordnungsblatt für die Britische Zone
WeimRV	= (Weimarer) Reichsverfassung vom 11. 8. 1919
ZJA	= Zentraljustizamt für die Britische Zone
ZP	= Zivilprozeß
ZPO	= Zivilprozeßordnung
ZS	= Zivilsenat
ZuSGebO	= Gebührenordnung für Zeugen und Sachverständige vom 30. 6. 1878

GERICHTSVERFASSUNG

Einleitung

Erster Abschnitt: Begriff

Gerichtsverfassung ist der Inbegriff der Rechtsvorschriften, die die Gerichtsbarkeit und die Einrichtung (Organisation) der Justizbehörden, namentlich der Gerichte, betreffen, insbesondere deren Gliederung, ihre Besetzung, die dienstrechtliche Stellung der Justizpersonen u. dgl. Man rechnet gewöhnlich dazu auch die für die meisten Verfahrensarten geltenden Hauptregeln (z. B. über Beratung.)

Gerichtsverfassungsrecht ist **öffentliches Recht.**

Seine Hauptquelle, das GVG, ist Vorbild für die Regelung ähnlicher Rechtsbereiche, etwa der Verwaltungsgerichtsbarkeit. So verweist für die Verwaltungsgerichtsbarkeit in der britischen Zone die britMilRegVO Nr. 165 in §§ 8 Abs. 3, 13 Abs. 1, 17 Abs. 1, 31, 76, 94 Abs. 1, 95 bezüglich Verhinderung der Richter, Geschäftsverhältnisse innerhalb der Spruchkörper, Befähigung zum Richteramt, persönliche Rechtsstellung der Richter, Öffentlichkeit, Sitzungspolizei, Gerichtssprache, Beratung, Abstimmung, Ungebührstrafen auf das GVG, und zwar laut § 117 in seiner jeweiligen Fassung.

Zweiter Abschnitt: Rechtsquellen

Man kann den Aufbau der deutschen Rechtsordnung nur dann richtig verstehen und sich in der Fülle des gesetzten Rechts nur dann zurechtfinden, wenn man sich den geschichtlichen Verlauf vor Augen hält, in dem das Rechtswesen in Deutschland geordnet worden ist. Er vollzog sich meist stoßartig in großen Gesetzgebungswellen.

1. Gesetzgebungswelle (um 1879)

Nachdem der Norddeutsche Bund 1871 durch Aufnahme der süddeutschen Staaten zum Deutschen Reich erweitert worden war, ging man daran, das Rechtswesen reichsrechtlich zu ordnen. Da der Norddeutsche Bund an Justizgesetzen nur das StGB und das HGB aufzuweisen hatte, die nunmehr zu Reichsrecht erhoben wurden, die Ausarbeitung des sonstigen sachlichen Rechts aber durchweg langwieriger war, begann man mit den Verfahrensgesetzen. So kamen zunächst die ZPO (30. 1. 1877), die StPO (1. 2. 1877) und die KO (10. 2. 1877) zustande, als Zusammenfassung der für Zivil- und Strafverfahren gemeinsam geltenden Vorschriften über den Aufbau der Gerichte usw. das GVG (27. 1. 1877), über den Anwaltsstand die RAnwO, über Kosten das GKG, die RAnwGebO, die ZuSGebO und die GerVollzGebO.

Alle diese Reichsjustizgesetze mit den zugehörigen Einführungsgesetzen (EGGVG, EGZPO, EGStPO) traten am 1. 10. 1879 in Kraft (§ 1 EGGVG). Seit diesem Tage steht der uns geläufige Gerichtsaufbau.

2. Gesetzgebungswelle (um 1900)

Die Fertigstellung des BGB (18. 8. 1896) ermöglichte es nunmehr, auch die Liegenschaftsvollstreckung (ZVG vom 24. 3. 1897), das Grundbuchwesen (GBO vom 24. 3. 1897) und die sog. freiwillige Gerichtsbarkeit (RFGG vom 17. 5. 1898, angepaßt 20. 5. 1898) reichsrechtlich zu ordnen. Die bestehenden Reichsjustizgesetze wurden dem angepaßt.

Alles das trat am 1. 1. 1900 in Kraft.

3. Gesetzgebungswelle (Weimarer Republik)

Die Weimarer Reichsverfassung (vom 11. 8. 1919) nahm in ihren ersten, dem Aufbau und den Aufgaben des Reiches gewidmeten Hauptteil einen besonderen (7.) Abschnitt „Rechtspflege" auf, der u. a. einige Sätze des GVG übernahm, so über richterliche Unabhängigkeit (Art. 102 = § 1 GVG), ordentliche Gerichtsbarkeit (Art. 103 = § 12 GVG), Stellung der Richter (Art. 104 = §§ 6, 8 und 11 GVG), Ausnahmegerichte (Art. 105 = § 16 GVG), und brachte in ihrem zweiten Hauptteil über die Grundrechte und Grundpflichten u. a. Grundsätze über den Gebrauch der Muttersprache fremdsprachiger Volksteile auch vor Gericht (Art. 113) und über die Ehrenämterpflicht (Art. 132).

Während das den Rechtspfleger schaffende Reichsentlastungsgesetz (Gesetz zur Entlastung der Gerichte vom 11. 3. 1921 — nicht zu verwechseln mit der Vereinfachung gewisser Verfahrensarten des ZP im ersten Weltkrieg durch die Bekanntmachung zur Entlastung der Gerichte vom 9. 9. 1915) nur eine von den Ländern auszufüllende Rahmenregelung gab, setzte sich der Zug zur Vereinheitlichung fort, indem die Gewerbe- und die Kaufmannsgerichte durch die Arbeitsgerichte (ArbGG vom 23. 12. 1926) ersetzt wurden. Ferner wurde die aus dem ersten Weltkrieg stammende GeschäftsaufsichtsVO (vom 8. 8. 1914) durch die VerglO (Gesetz über den Vergleich zur Abwendung des Konkurses vom 5. 7. 1927) abgelöst.

4. Gesetzgebungswelle (1933—1945)

Bis 1934 waren zwar die das Rechtsleben ordnenden Gesetze im wesentlichen Reichsrecht, aber die diese Gesetze anwendenden Gerichte (außer dem Reichsgericht) Behörden der Länder. Dieser Teil der Justizhoheit ging auf das Reich über durch das „Gesetz über den Neuaufbau des Reiches" vom 30. 1. 1934, dem mehrere Gesetze zur Überleitung der Rechtspflege auf das Reich (Erstes vom 16. 2. 1934, Drittes vom 24. 1. 1935) folgten.

In Ergänzung und Änderung des GVG ergingen nach und nach, meist zur Durchsetzung des damaligen Führungsgrundsatzes und zur Verreichlichung:

das Gesetz zur Änderung von Vorschriften des GVG über die Präsidien der Gerichte 4. 7. 1933 RGBl I 451

das Gesetz zur Änderung des Verfahrens in bürgerlichen Rechtsstreitigkeiten 27. 10. 1933 RGBl I 780

das Gesetz über die Zuständigkeit der Gerichte bei Änderung der Gerichtseinteilung 6. 12. 1933 RGB. I 1037

die Ausbildungsordnung 22. 7. 1934 DJ (Anl.)

das Gesetz zur Änderung des GVG 13. 12. 1934 RGBl I 1233

das Gesetz über die Beseitigung der Gerichtsferien 7. 3. 1935 RGBl I 352

die VO zur einheitlichen Regelung der Gerichtsverfassung 20. 3. 1935 RGBl I 403

die VO über die Behörden zur Entscheidung von Kompetenzkonflikten 27. 3. 1935 RGBl I 492 das Gesetz über Änderung von Vorschriften des Strafverfahrens und des GVG 28. 6. 1935 RGBl I 844

das Gesetz über die Befähigung zum Richteramt 27. 2. 1936 RGBl I 127

das Gesetz über das Verfahren in Binnenschiffahrtssachen 30. 1. 1937 RGBl I 97

das Gesetz über die Geschäftsverteilung bei den Gerichten 24. 11. 1937 RGBl I 1286

das Ehegesetz 27. 4. 1938 RGBl I 923

das Gesetz zur weiteren Überleitung der Rechtspflege im Lande Österreich und in den sudetendeutschen Gebieten 28. 2. 1939 RGBl I 358

die VO über die Laufbahn des Richters und des Staatsanwalts 16. 5. 1939 RGBl I 917

die VO über die Zuerkennung der Fähigkeit zum Richteramt an Volksdeutsche 8. 12. 1939 RGBl I 2390

die DVO zur VO über die Zuständigkeit der Strafgerichte, die Sondergerichte und sonstige strafrechtliche Vorschriften 13. 3. 1940 RGBl I 489

die Reichs-Entlastungsverfügung 3. 7. 1943 DJ 339.

Ferner wurde nunmehr auch für den erst in der 2. Gesetzgebungswelle reichsrechtlich geregelten Bereich (freiw. Gerichtsbarkeit einschl. Grundbuchwesen sowie Liegenschaftsvollstreckung) das Kostenwesen reichsrechtlich geregelt (Kostenordnung vom 25. 11. 1935 RGBl I 1371).

Dazu kamen viele den inneren Dienst der Justizbehörden betreffenden Regelungen (Aktenordnung usw.).

Im zweiten Weltkrieg griffen die 1., 2. und 3. VereinfachungsVO sowie die 1. und 2. KriegsmaßnahmenVO vorübergehend auch in die Gerichtsverfassung ein.

5. Gesetzgebungswelle (1945—1949)

Die den Westen, Süden und Norden Deutschlands besetzenden fremden Mächte brachten MilRegGesetze mit, von denen die Gerichtsverfassung betrafen:

Nr. 1: Aufhebung des nationalsozialistischen Rechts

Nr. 2: Deutsche Gerichte (später geändert)

Allgemeine Anweisungen für Richter Nr. 1 (in der brit. Zone für aufgehoben erklärt)

Allgemeine Anweisungen für Richter Nr. 2 (enthaltend hauptsächlich die in der Strafrechtspflege zugrundezulegenden Fassungen des GVG und der StPO) (abgelöst für Strafverfahren durch MilRegVO Nr. 15).

Der Kontrollrat als das von den 4 Besatzungsmächten mit Befugnissen für ganz Deutschland eingesetzte Organ erließ im Bereich der Gerichtsverfassung:

Proklamation Nr. 3: Grundsätze für die Umgestaltung der Rechtspflege

Gesetz Nr. 4: Umgestaltung des deutschen Gerichtswesens (in Westdeutschland außer Anwendung gesetzt durch Art. 14 des Ges. Nr. 13 der Hochkommission).

Gesetz Nr. 21: Arbeitsgerichtsbarkeit.

Vom Oberbefehlshaber der brit. Zone ergingen für diese an die Gerichtsverfassung berührenden Regelungen:

VO Nr. 65: Rheinschiffahrtsgerichte (Deutsche Gerichte) (ähnlich Ges. Nr. 9 der amerik. MilReg)

VO Nr. 98: Deutscher Oberster Gerichtshof für die britische Zone (dazu DVO des ZJA vom 11. 7. 1948 VOBlBZ 149, ÄndVO des ZJA vom 13. 1. 1948 VOBlBZ 10, AVO des ZJA vom 6. 2. 1948 VOBlBZ 40)

VO Nr. 127: Errichtung eines Deutschen Obergerichts für das Vereinigte Wirtschaftsgebiet (gleichlautend mit der Proklamation Nr. 8 des Oberbefehlshabers der amerik. Zone)

VO. Nr. 169: Verlegung deutscher ordentlicher Gerichte.

Der Präsident des ZJA für die brit. Zone erließ für diese an hier einschlägigen Regelungen (außer den vorerwähnten Bestimmungen über den ObGH):

die VO zur Änderung von Vorschriften auf dem Gebiete der Gerichtsverfassung, der bürgerlichen Rechtspflege und des Kostenrechts 27. 1. 1948 VOBlBZ 13 (Ber. S. 95)
(Übergangsvorschriften in Art. 6 III Nr. 3 und 4 geändert durch VO vom 22. 2. 1948 VOBlBZ 324 und vom 21. 6. 1949 VOBlBZ 240)

die VO über die Geschäftsverteilung bei den Amtsgerichten 9. 9. 1948 VOBlBZ 261 die VO zur Änderung des § 36 Abs. 3 des Gerichtsverfassungsgesetzes 29. 6. 1949 VOBlBZ 269

die VO zur Ergänzung der Vorschriften über den Vorsitz bei den Oberlandesgerichten 25. 8. 1949 VOBlBZ 372;

außerdem — praktisch als Wiedereinführung der sog. Gerichtsferien (zu vgl. S. 92)

VO über die zeitweilige Zurückstellung bürgerlicher Rechtssachen im Geschäftsjahr 1948 11. 5. 1948 VOBlBZ 115

VO über die zeitweilige Zurückstellung bürgerlicher Rechtssachen im Geschäftsjahr 1949 30. 5. 1949 VOBlBZ 175.

Für das GVG spaltete sich nach dem Zusammenbruch die Fassung: für Strafsachen galt die der „Allg. Anweisung für Richter Nr. 2" (sodann kraft MilRegVO Nr. 15), im übrigen die laut der letzten amtlichen Bekanntmachung vom 22. 3. 1924 (RGBl I 299) mit den seitdem vorgenommenen Wortlautänderungen, soweit diese nicht als durch die Zeitereignisse überholt anzusehen waren. Die ÄnderungsVOen vom 27. 1. 1948 (Art. 7) wie die vom 9. 9. 1948 (§ 3) bemühten sich, diesen eigenartigen Zustand zu mildern, gingen aber, wie ihre Ausdrucksweise erkennen läßt, davon aus, daß die Spaltung noch fortbestand. Die das RG betreffenden Vorschriften des GVG waren, auch soweit sie nicht förmlich außer Kraft gesetzt worden waren, als gegenstandslos zu betrachten.

6. Gesetzgebungswelle (seit 1949)

Die Gerichtsverfassung gehört in der Bundesrepublik Deutschland zum Bereich der sog. konkurrierenden Gesetzgebung (Art. 74 Nr. 1 GrdG).

Die durch die buntscheckige Landesgesetzgebung eingetretene Rechtszersplitterung beseitigte für Westdeutschland das „Gesetz zur Wiederherstellung der Rechtseinheit auf dem Gebiete der Gerichtsverfassung, der bürgerlichen Rechtspflege, des Strafverfahrens und des Kostenrechts" (kurz: Wiedervereinheitlichungsgesetz) vom 12. 9. 1950 (BGBl 455) mit Wirkung vom 1. 10. 1950.

Der Bund errichtete das in Art. 96 GrdGes vorgesehene obere Bundesgericht für den Bereich der ordentlichen Gerichtsbarkeit unter der Bezeichnung „Bundesgerichtshof" durch das Wiedervereinheitlichungsgesetz. Der BGH (Sitz: Karlsruhe) nimmt für Westdeutschland den Platz des früheren Reichsgerichts (Sitz: Leipzig) ein.

Erster Teil: Gerichtsbarkeit

Erster Hauptabschnitt: Begriffliches

Gerichtsbarkeit im Sinne von **Gerichtsgewalt** ist die Machtbefugnis, die Rechtsordnung durch Anwendung (Entscheidung, Vollziehung) des Rechts auf den einzelnen Rechtsfall durchzusetzen (Art. 92 GrdG: „rechtsprechende Gewalt").

Die Ausübung dieser Machtbefugnis obliegt den **Gerichten,** wobei man, wie bei der Gerichtsbarkeit als Gegensatz zur Verwaltung, an sie als Gegensatz zu den Verwaltungsbehörden denkt. Dieser Gegensatz wird deutlich:

1) im **Ziel** der Tätigkeit:
   die **Gerichtsbarkeit** will als Rechtspflege das Recht im **einzelnen** Rechtsfall unmittelbar verwirklichen,
   die **Verwaltung** will das **allgemeine** Wohl fördern und findet dabei im Recht eine Schranke ihrer Tätigkeit,

2) in der **Art und Weise** der Tätigkeit:
   das **Gericht** ist **unabhängig** auf sich selbst gestellt,
   die **Verwaltungsbehörde weisungsgebunden.**

Justiz ist der Zweig des Staates, der der Gerichtsbarkeit gewidmet ist, d. h. für den sie wesenseigentümlich ist.

Unter **Justizhoheit** faßt man die Gesetzgebungsgewalt im Justizbereich und die Befugnis zur Ausübung der Rechtspflege zusammen.

Justizbehörden sind Gerichte, Staatsanwaltschaften und Strafanstalten.

Soweit die Verwaltung sich damit beschäftigt, Justizbehörden arbeitsfähig zu halten, spricht man von **Justizverwaltung** (näheres darüber S. 48).

In weltlichen Dingen nimmt der Staat die Gerichtsbarkeit ausschließlich für sich in Anspruch. Das gilt insbes. auch für Ehesachen.

Eine **kirchliche** Gerichtsbarkeit ist mithin heute nur noch gegenüber Mitgliedern in Dingen der Kirchenzucht und als Dienststrafgewalt über Religionsdiener anerkannt.

Restlos abgeschafft ist (seit 1879) die **Privatgerichtsbarkeit,** insbesondere die Patrimonialgerichtsbarkeit. Unberührt davon ist gegenüber Vereinsmitgliedern die Vereinszucht und die Zulässigkeit von Schiedsgerichten (für Vereinsmitglieder in Vereinsangelegenheiten auch durch Vereinssatzung).

Staatliche Gerichte gibt es auch **außerhalb der Justiz,** so

1) die **Verwaltungsgerichte** (KontrRGes Nr. 36; in der brit. Zone britMilRegVO Nr. 165: Landesverwaltungsgerichte, Oberverwaltungsgerichte). Dazu ist auch zu zählen das DOG in Köln — amerikan. MilRegProkl Nr. 8 = brit. MilRegVO Nr. 127, geändert durch Ges. Nr. 38 der Hochkommission vom 21. 9. 1950 (ABl HK 600), nebst AVO Nr. 2, Geschäftsordnung vom 8. 4. 1949 (WiGBl 59) und Verfahrensordnung vom 8. 4. 1949 (WiGBl 60) —;
2) die **Arbeitsgerichtsbehörden** (KontrRGes Nr. 21, ArbGG, zu vgl. ferner Art. 96 Abs. 1 GrdGes: oberes Bundesgericht für Arbeitsgerichtsbarkeit), die der Arbeitsverwaltung (Arbeitsministerium des Landes bzw. Bundes) unterstehen.

Diese außerhalb der Justiz stehenden Gerichte haben einen eigenen Aufgabenkreis.

Gerichtsbarkeit außerhalb der Justiz üben u. a. auch aus:

1) die **Rheinzentralkommission** in Rheinschiffahrtssachen (§ 14 Nr. 1). (Näheres zu vergl. unter „Schiffahrtsgerichten");
2) die **Gemeindegerichte** (§ 14 Nr. 2).
   Für Kleinst-(Bagatell-)sachen, d. h. vermögensrechtliche Streitigkeiten im Werte bis zu 100 DM, können nach Landesrecht Gemeindegerichte bestehen, deren Gerichtsbarkeit als Kläger und Beklagter aber nur Personen unterliegen, die in der Gemeinde Wohnsitz, Niederlassung oder (im Sinne von §§ 16, 20 ZPO) Aufenthalt haben. Gegen die Entscheidung des Gemeindegerichts muß innerhalb bestimmter Frist Anrufung eines ordentlichen Gerichts zulässig sein. Die Gemeindegerichte stellen also gewissermaßen eine Vorstufe der AG dar;
3) die **gemeindlichen** usw. **Grundbuchämter** (Art. 8 VO vom 5. 8. 1935 RGBl I 1065);

4) die **Dorfgerichte** und die **Ortsgerichte** (Art. 101ff., 122 prFGG).

Die auf Grund des § 13a gestatteten **Friedensgerichte** dürfen trotz Aufhebung des § 13a dort, wo sie landesrechtlich eingerichtet worden waren, weiterbestehen (Art. 8 Nr. 81 Wiedervereinheitlichungsges.).

Hierbei handelt es sich um an sich der ordentlichen Gerichtsbarkeit zustehende Aufgaben.

Die Justizgerichte nennt man auch **„ordentliche Gerichte“** (§ 12).

Sie gliedern sich in AG, LG, OLG, BGH (§ 12) (in Bayern außerdem BayObLG: § 8 EGGVG, bayr. Ges Nr. 124 vom 11. 5. 1948 GVBl 83).

Von **Sondergerichten** (zu vergl. § 14) spricht man bei Behörden, die keine ordentlichen Gerichte, aber auch weder Verwaltungsbehörden noch Verwaltungsgerichte sind. So nennt man insbesondere die Arbeitsgerichtsbehörden und die Gemeindegerichte. Mit den durch Art. II 4 Buchst. b MilRegGes Nr. 2 und III KontrRProkl Nr. 3 abgeschafften „Sondergerichten“ sind die durch VO vom 21. 3. 1933 für gewisse Strafsachen eingerichtet gewesenen gemeint.

Keine Sondergerichte sind:

1) die **Schiffahrtsgerichte.**
Für Binnenschiffahrtssachen (Begriff: § 1 BSchVG) sind bestimmte AG als „Schiffahrtsgericht“, bestimmte OLG als „Schiffahrtsobergericht“ zuständig (§ 2 BSchVG, 4. DVO BSchVG vom 26. 6. 1941 RGBl I 351), am Rhein bestimmte AG als „Rheinschiffahrtsgericht“, bestimmte OLG als „Rheinschiffahrtsobergericht“ (RhSchGG i. Vbdg. m. amerikan. MilRegGes Nr. 9 bzw. britMilRegVO Nr. 65, DVO RhSchGG vom 25. 9. 1935 RGBl I 1167) zuständig; Rechtsmittel gegen Entscheidungen der Rheinschiffahrtsgerichte können (wahlweise) auch an die Rheinzentralkommission (Art. 37 revRhSchA, § 7 RhSchGG) gehen (über Rheinschiffahrtsgerichte der Besatzungsmacht zu vergl. S. 25);

2) die **Landwirtschaftsgerichte** (zu vergl. Amtl. Begründung zu Art. 1 Nr. 11 des Regierungsentwurfs zum Wiedervereinheitlichungsgesetz).
In der brit. Zone sind auf Grund der britMilRegVO Nr. 84 in Vbdg. m. LVO sog. Landwirtschaftsgerichte eingerichtet; beim AG, OLG und BGH wirken in Landwirtschaftssachen

fachkundige Beisitzer (Landwirtschaftsrichter, Oberlandwirtschaftsrichter, Oberste Landwirtschaftsrichter) mit;

3) die (auf Grund des britMilRegGes. Nr. 59 v. 12. 5. 1949 ähnlich dem in der amer. Zone geltenden Ges. v. 10. 11. 1947) mit Rückerstattungsansprüchen befaßten Gerichte (Wiedergutmachungskammer des LG; ZS des OLG).

Innerhalb der **Justiz** unterscheidet man folgende **Zweige:**

I) die **streitige** Gerichtsbarkeit (§§ 12, 13), d. h. Bearbeitung der Prozesse nebst Vollstreckung der darin gefällten Entscheidungen, umfassend

a] die **Zivilgerichtsbarkeit,** d. h. die Bearbeitung der bürgerlichen Rechtsstreitigkeiten (ZP) nebst Zwangsvollstreckung (im weitesten Sinne, also einschl. Konkurs- und Vergleichsverfahren),

b] die **Strafgerichtsbarkeit,** d. h. die Bearbeitung der Strafsachen (Strafprozesse) nebst Strafvollstreckung,

II) die sog. **freiwillige** Gerichtsbarkeit *(jurisdictio voluntaria),* d. h. die Bearbeitung bürgerlichrechtlicher Angelegenheiten durch eine Justizbehörde (meist: ein Gericht) in einem eigens geordneten Verfahren. Hierfür hat man auch den (heute nicht mehr ganz passenden) Ausdruck „vorsorgende Rechtspflege" geprägt.

Unter „bürgerlicher Rechtspflege" faßt man die Zivil- und die freiwillige Gerichtsbarkeit zusammen,

unter „bürgerlichen Rechtssachen" im Gegensatz zu Strafsachen den bürgerlichen Rechtsstreit (ZP) und Verfahren der freiw. Gerichtsbarkeit.

Ausnahmegerichte, d. h. zur Aburteilung eines Einzelfalles oder mehrerer Einzelfälle eingesetzte, sind unstatthaft (Art. 101 Abs. 1 GrdGes, § 16).

Zweiter Hauptabschnitt: Schranken der Gerichtsbarkeit

Erster Abschnitt: Räumliche Schranken

Wie alle Staatshoheitsrechte ist auch die Gerichtsbarkeit an die räumlichen Staatsgrenzen gebunden. Hierzu ist also auf das Staats- und Völkerrecht zu verweisen, das darstellt, was zum räumlichen

Herrschaftsbereich gehört: wo die Staatsgrenzen liegen, wo die Hoheitsgewässer enden, inwieweit Schiffe auf hoher See zum Staatsgebiet rechnen usw.

Die Gebundenheit an die Staatsgrenzen wirkt sich namentlich in 2 Richtungen aus:

A] Kein Gericht darf Amtshandlungen im Ausland vornehmen.

Es ist also z. B. nicht möglich, daß ein deutsches Gericht einen Rechtsfall im Ausland verhandelt oder auch nur einen einzelnen Verfahrensabschnitt ganz oder teilweise im Ausland vornimmt, etwa durch einen seiner Richter einen Zeugen im Ausland vernehmen läßt. Beweisaufnahme im Ausland ist vielmehr nur im Rechtshilfewege möglich. Der Rechtshilfeverkehr mit anderen Staaten ist jetzt z. T. wieder aufgenommen.

B] Amtshandlungen des Gerichts wirken nur im Inland.

Wieweit das Ausland Amtshandlungen, insbesondere Entscheidungen, deutscher Gerichte anerkennt, hängt, soweit nicht Staatsverträge bestehen, vom ausländischen Recht ab. Deswegen beschränkt sich die deutsche Gerichtsbarkeit gegenüber Ausländern manchmal (z. B. § 606 Abs. 3 Nr.1 ZPO) in gewisser Weise selbst.

Zweiter Abschnitt: Persönliche Schranken

A] Grundsatz.

Wer mit dem Inland in Berührung steht, ist ohne Rücksicht auf seine Staatsangehörigkeit der inländischen Gerichtsbarkeit unterworfen,

z. B. der im Ausland wohnende Ausländer mit inländischem Vermögen, etwa Grundbesitz (zu vergl. § 23 ZPO, §§ 7ff. StPO).

Dies wirkt sich dahin aus:

I) **Gleicher Rechtsschutz** für In- und Ausländer.

Die durch Art. II 3 MilRegGes Nr. 1 verbotene Anwendung von Rechtssätzen, die unterschiedliche Behandlung ausländischer Staatsangehöriger vorschreiben, hindert aber nicht die Beachtung der von jeher geforderten Gegenseitigkeit bei einzelnen Rechtseinrichtungen wie Armenrecht (§ 114 Abs. 2 ZPO, § 14 FGG) oder im bürgerlichen Rechtsstreit Streitkostensicherheit (§§ 110ff. ZPO).

II. **Gleichbehandlung** im Verfahren.

a] Der Grundsatz der Gleichbehandlung von In- und Ausländern im Verfahren ist (aber nur scheinbar) durchbrochen hinsichtlich der Partei- und Prozeßfähigkeit im bürgerlichen Rechtsstreit; die Verweisung auf das bürgerliche Recht in §§ 50ff. ZPO ist bei Ausländern dahin zu verstehen, daß ihr Heimatrecht über Rechts- und Geschäftsfähigkeit auch im Inland zu beachten ist. Aus praktischen Gründen ist aber ein nach seinem Heimatrecht prozeßunfähiger Ausländer im Inland als prozeßfähig zu behandeln, wenn er als Inländer prozeßfähig wäre (§ 55 ZPO).

b] Die Gültigkeit von Verfahrenshandlungen ausländischer Stellen (z. B. Beurkundung vor einem ausländischen Notar, Vernehmung eines Zeugen durch ein ausländisches Gericht, Entscheidung eines ausländischen Gerichts) richtet sich auch bei Beurteilung im Inland nach ausländischem Recht.

B] Ausnahmen.

Exterritorialität ist die Befreiung von der inländischen Gerichtsbarkeit.

I) Der Personenkreis.

a] Schlechthin, soweit die einzelne Person nicht selbst (z. B. durch Auftreten als Kläger) darauf verzichtet, befreit sind nach den Lehren des Völkerrechts (§ 18):

1) der ausländische Staat,

2) das Staatsoberhaupt des ausländischen Staates,

3) Leiter und Mitglieder der diplomatischen Vertretung ausländischer Staaten in Deutschland (§ 18 S. 1) sowie deren Familienangehörige, Geschäftspersonal und ausländisches Dienstpersonal (§ 19),

4) Konsuln des ausländischen Staates in Deutschland, soweit Befreiung durch Staatsvertrag vereinbart ist (§ 21).

b] Nach dem Zusammenbruch ist die deutsche Gerichtsbarkeit weiter eingeengt:

Deutsche Gerichte dürfen keine Gerichtsbarkeit ausüben über

1) Streitkräfte der Besatzungsmacht,

2) Personen, die bei der Hochkommission, einem Hochkommissar oder dem Befehlshaber einer Besatzungsstreitmacht beglaubigt sind, und über ihre Familienangehörigen,

jedoch kann die Besatzungsmacht die Ausübung der deutschen Gerichtsbarkeit genehmigen (Art. 1 Buchst. a und Art. 2 Buchst. a des Ges Nr. 13 der Hochkommission: Gerichtsbarkeit auf den vorbehaltenen Gebieten — vom 25. 11. 1949); im Zweifel hat das deutsche Gericht sein Verfahren auszusetzen und die Frage an die Besatzungsbehörde zu überweisen (Art. 3 Abs. 2 dieses Ges, Art. 1—2 der 1. DVO vom 9. 2. 1950).

II) Der Sachbereich.
Die Befreiung schlechthin gilt nicht für einen bürgerlichen Rechtsstreit im ausschließlichen dinglichen Gerichtsstand (§ 20),
z. B. der Nachbar eines im Eigentum eines ausländischen Staates stehenden inländischen Grundstücks kann diesen vor dem inländischen Gericht mit der Grenzscheidungsklage belangen (§ 24 ZPO).

Dritter Abschnitt: Sachliche Schranken

Innerhalb des staatlichen Machtbereichs ist die Justizgerichtsbarkeit auf den „Rechtsweg" (= Gerichtsweg) beschränkt. Den Gegensatz dazu (Ausschluß des Rechtswegs) bilden die vor die Verwaltungsbehörden und Verwaltungsgerichte gehörenden Angelegenheiten (bei letzteren spricht man wohl von Verwaltungsrechtsweg).

Der Sprachgebrauch ist insofern nicht völlig einheitlich, als das RG letzthin auch bei Sachen, die im Verfahren der freiwilligen Gerichtsbarkeit (RG 26. 1. 1944 DR 1944 S. 394 Nr. 11) oder vor einem besonderen Gericht (RGZ 156, 279: betr. Marktschiedsgericht) zu erledigen waren, von „Ausschluß des Rechtswegs" sprach. Das GrdGes (Art. 19 Abs. 4) unterscheidet „Rechtsweg" und „ordentlichen Rechtsweg".

Erster Unterabschnitt: Grundsatz

Der Rechtsweg ist **zulässig** für alle bürgerlichen Rechtsstreitigkeiten und Strafsachen, für die nichts Abweichendes ausdrücklich vorgeschrieben ist (§ 13).

Weniger bei den Straf- als vielmehr bei den Zivilsachen ist die Einordnung oft schwierig.

A] Der Rechtsweg ist gegeben

I) bei Streit aus dem **Privatrecht,** in dem sich die Beteiligten auf gleicher Ebene befinden, auch wenn eine davon eine Gebietskörperschaft (Fiskus) ist,

z. B. Grenzverwirrung gegenüber einem im Eigentum des Staates stehenden Grundstück,

Anspruch aus einem mit dem Staat geschlossenen Liefervertrag,

Individualversicherung auch wo sie nicht Privatversicherung ist, z. B. der Versicherungsvertrag mit einer Feuersozietät;

II) bei Streit aus gewissen Dingen, die man zwar gedanklich heutzutage zum öffentlichen Recht rechnet, für die aber kraft ausdrücklicher Vorschrift (§ 71) der Rechtsweg geöffnet ist, da man sie **früher** als **privatrechtlich auffaßte,** nämlich

a] Ansprüche des Geschädigten wegen **Verletzung** seiner Rechte **durch die öffentliche Gewalt** (entsprechend etwa früher §§ 74, 75 Einl. pr. Allg. Landrecht) (Art. 19 Abs. 4 GrdGes), insbesondere bei Enteignung, wenn das Landesrecht den Rechtsweg eröffnet (zu vergl. § 15 Nr. 2 EGZPO, § 26 ZPO, § 71),

b] Ansprüche des Geschädigten auf Schadenersatz aus **Amtspflichtverletzung** (§ 839 BGB) von Beamten oder Amtsträgern (z. B. Notar § 21 RNO), auch wenn an Stelle des Beamten (auf Grund des Reichs- oder des Staatshaftungsgesetzes, Art. 34 GrdGes) die Körperschaft belangt wird, die ihn angestellt hat,

c] **Rückgriff** des Dienstherrn gegen den Beamten (§ 23 DBG), für dessen Amtspflichtverletzung die Körperschaft (nach b]) dem Geschädigten Ersatz geleistet hat (Art. 34 S. 3 GrdGes), sowie unmittelbare Schadenersatzansprüche des Dienstherrn gegen den Beamten auf Ersatz von Schaden, den dieser der Körperschaft zugefügt hat (§§ 8, 13 Erstattungsgesetz vom 18. 4. 1937 RGBl I 461, Bundesfassung BGBl. 1951 S. 109) (Klage des Beamten gegen den Erstattungsbeschluß der Verwaltungsbehörde,)

d] Ansprüche der Beamten oder ihrer Hinterbliebenen auf **Dienstbezüge** aus dem Dienstverhältnis gegen die Körperschaft als Dienstherrn (die dafür den Verwaltungsrechtsweg vorsehende Vorschrift in § 142 DBG ist nach § 182 DBG i. Vbdg. m. § 13 Abs. 2 der 1. DVO z. Reichsverwaltungsgericht vom 29. 4. 1941 RGBl I 224 — zu vergl. II 1 der 1. DVO z. BPG vom 17. 6. 1950 GBBl 274 — nicht in Kraft getreten und deshalb in der Bundesfassung BGBl 1950 S. 281 durch Kleindruck als gegenwärtig gegenstandslos bezeichnet).

B] Der Rechtsweg ist **nicht** gegeben

I) bei Streit aus **öffentlichem** Recht, in dem sich die Beteiligten auf verschiedenen Ebenen befinden, wobei der Einzelne der obrigkeitlichen Gewalt der im Staat verkörperten Allgemeinheit unterworfen ist,

z. B. in der Sozialversicherung (Kranken-, Unfall-, Invaliden-, Angestellten-, Knappschafts- und Arbeitslosenversicherung nach RVO, AVG, RKnG, AVAVG),

im Steuerrecht (Anspruch auf Rückzahlung überzahlter Steuern: § 242 RAbgO),

gleich, ob auf Vornahme oder Unterlassung einer Amtshandlung gerichtet oder auf Ziele, die — wie Zahlung oder Herausgabe — an sich Gegenstand eines bürgerlichen Rechtsstreits bilden könnten,

II) (Gegenstück zu A II) bei Streit aus gewissen Dingen, die zwar ihrem Wesen nach privatrechtlich sind oder es sein können, deren Erledigung aber kraft **ausdrücklicher** Vorschrift anderweit geordnet ist,

z. B. Anspruch zwischen Leistungsverpflichteten und Leistungsempfänger nach § 27 Reichsleistungsgesetz (gleich, ob man das Rechtsverhältnis zwischen ihnen als privat- oder als öffentlich-rechtlich auffaßt),

Streit über Fortbestehen eines Mietverhältnisses über einen im Krieg beschädigten Mietraum war in § 1 Abs. 2 VO vom 28. 9. 1943 (RGBl I 546) den Kriegssachschädenfeststellungsbehörden zugewiesen (aufgehoben durch Ges vom 4. 9. 1950 BGBl 447).

Zweiter Unterabschnitt: Zuständigkeitsstreit (Kompetenzkonflikt)

Streit zwischen Gericht einerseits und Verwaltungsbehörde oder Verwaltungsgericht anderseits über die Zulässigkeit des Rechtswegs pflegt man als **Kompetenzkonflikt** zu bezeichnen.

Dieser ist wohl zu unterscheiden von der sog. Konfliktserhebung, d. h. dem Verlangen der Verwaltungsbehörde, die für ein Strafverfahren oder einen bürgerlichen Rechtsstreit auf Schadenersatz wegen Amtspflichtverletzung eines Beamten erhebliche Vorfrage, ob der Beamte seine Amtspflicht schuldhaft verletzt habe, einer Vorentscheidung durch eine (außerhalb des Gerichts stehende) Behörde zu unterwerfen (§ 11 EGGVG, § 147 DBG — nach Bundesfassung 1950 S. 281 unanwendbar —).

Über die Zulässigkeit des Rechtswegs entscheiden zwar grundsätzlich die Gerichte selbst (sog. Kompetenzkompetenz) (§ 17 Abs. 1), so daß rechtskräftige Bejahung des Rechtswegs durch das ordentliche Gericht allerseits bindet (§ 28 Abs. 1 britMilRegVO Nr. 165). Nach Landesrecht kann die Entscheidung darüber bei Streit zwischen Gericht und Verwaltungsbehörde oder Verwaltungsgericht des Landes aber einer besonderen Behörde übertragen sein, die **Kompetenzkonfliktsgerichtshof** zu heißen pflegte (§ 17 Abs. 2; die ReichsVO vom 27. 3. 1935 RGBl I 492 ist inzwischen überholt). In der britischen Zone ist der BGH (als Nachfolger des ObGH) zuständig bei verneinendem Zuständigkeitsstreit zwischen einem Verwaltungsgericht einerseits und einem ordentlichen Gericht anderseits (§ 28 Abs. 2 britMilRegVO Nr. 165 i. Vbdg. m. Art. 8 Nr. 88 des Wiedervereinheitlichungsgesetzes).

Vierter Abschnitt: Inhaltliche Schranken

Auch wo räumlich, persönlich und sachlich die Justizgerichtsbarkeit nach innerdeutschem Recht eingriffe, kann sie z. Z. nach Besatzungsrecht eingeschränkt sein. (Gesetz Nr. 13 der Hochkommission idF. des Ges. Nr. 28 der Hochkommission).

A] Gerichte der Besatzungsmächte.

I) Deutsche Gerichte dürfen ohne Genehmigung der Besatzungsmacht allgemein keine Gerichtsbarkeit ausüben (Art. 1 Buchst. b und Art. 2 Buchst. b des Ges. Nr. 13, gelockert durch allg. „Anweisungen" der einzelnen Besatzungsmächte), a] in Strafsachen

1) bei strafbaren Handlungen gegen

α] Streitkräfte einer Besatzungsmacht,

β] Personen, die bei der Hochkommission, einem Hochkommissar oder dem Befehlshaber einer Besatzungsstreitmacht beglaubigt sind, und ihre Familienangehörigen,

γ] das Eigentum einer solchen Person oder Organisation,

2) bei strafbaren Handlungen gegen Rechtsvorschriften der Besatzungsmacht (z. B. Verstoß gegen Uniformverbot),

b] in Straf- und Zivilsachen: bei allem, was die Erfüllung von Pflichten oder Leistung von Diensten für die Streitkräfte der Besatzungsmächte betrifft oder in Verbindung damit steht (z. B. Verkehrsunfall beim Lenken eines Dienstkraftwagens einer Besatzungsmacht durch einen deutschen Angestellten),

im Zweifel hat das deutsche Gericht sein Verfahren auszusetzen und die Frage an die Besatzungsbehörde zu überweisen (Art. 3 Abs. 2 des Ges. Nr. 13, Art. 1—2 der 1. DVO).

II) Rheinschiffahrtsgerichte der Besatzungsmächte (britMil.-RegVO Nr. 66 MRABl 360 mit Verfahrensvorschriften vom 2. 1. 1947 MRABl 377, letztere geändert mit Kraft vom 26. 3. 1949).

B] Rechtsgültigkeit eines Befehls der Besatzungsmacht.
Kein deutsches Gericht darf eine Entscheidung fällen, in der es die Rechtsgültigkeit (Rechtmäßigkeit) eines Gesetzes, einer VO, einer Richtlinie, einer Entscheidung oder einer Anordnung verneint, die durch die Besatzungsbehörden oder eine von ihnen abgelöste Behörde veröffentlicht worden ist (Art. 3 Abs. 1 des Ges. Nr. 13).

C] Vorfragen hinsichtlich eines Befehls der Besatzungsmacht.
Hat ein deutsches Gericht zu befinden über das Bestehen, den Inhalt, die Rechtsgültigkeit oder den Zweck einer Anordnung der Besatzungsbehörden oder der Besatzungsstreitkräfte oder einer von ihnen abgelösten Behörde, so hat es sein Verfahren auszusetzen und die Frage an die Besatzungsbehörde zu überweisen (Art. 3 Abs. 2 des Ges. Nr. 13, Art. 1—2 der 1. DVO).

D] Beweismittel in Händen der Besatzungsmacht.

Wünscht ein deutsches Gericht

I) die Vorlage einer Urkunde, die sich im Besitz oder in de Verfügung der Besatzungsstreitkräfte, einer Person, die bei der Hochkommission, einem Hochkommissar oder dem Befehlshaber einer Besatzungsstreitmacht beglaubigt ist, oder eines ihrer Familienangehörigen befindet, oder

II) das Erscheinen einer solchen Person als Zeuge, so hat es bei der dafür zuständigen Besatzungsbehörde einen diesbezüglichen Antrag zu stellen (Art. 5 des Ges. Nr. 13, Art. 3—4 der 1. DVO).

Zweiter Teil: Justizbehörden

Erster Hauptabschnitt: Innere Einrichtung

Betrachtet man die innere Einrichtung einer Justizbehörde (Gericht, Staatsanwaltschaft), so ergibt sich, daß sie aus folgenden Teilen besteht:

1) dem Behördenvorstand, der die Behörde leitet und nach außen vertritt,
   z. B. beim LG: der LGPr.,
2) den Rechtspflege-Organen, d. h. den Stellen, die gemeinhin in der Rechtspflege tätig werden („das Gericht" bzw. „der StA" in der Sprache der Verfahrensgesetze). Beim Gericht spricht man zusammenfassend gewöhnlich von den Spruchkörpern,
   z. B. beim LG: ZK, StrK, KfHs.
   Daneben gibt es vereinzelt besondere Abteilungen ohne die Wesenseigentümlichkeiten des Gerichts, z. B. beim AG das Mieteinigungsamt (zu vgl. S. 29).
3) den Geschäftsstellen, denen die geschäftliche Behandlung der Rechtssachen obliegt (§ 153),
   z. B. beim LG: Geschäftsstelle für Zivilsachen,
4) der Kanzlei, die die Schreibarbeiten erledigt,
5) der Wachtmeisterei, der die Besorgung von Zustellungen, Vorführungen, das Aufwarten in Sitzungen, das Hin- und Herbefördern von Akten usw. obliegt.

Das Gerichtsvollzieherwesen (§ 154) ist verschieden geordnet. Teils bestehen Gerichtsvollzieherämter, teils ist der GerVollz (ähnlich etwa wie der Notar) selbständiger Beamter (mit eigenem Geschäftsraum außerhalb des Dienstgebäudes des Gerichts), so im ehem. preußischen Gebiet (Geschäftsanweisung für GerVollz vom 12. 12. 1899 prJMBl 627), wo indes die „Gerichtsvollzieherverteilungsstelle" zwischengeschaltet ist, an die sich der Rechtsuchende mit seinem Antrag („Auftrag" in der insoweit veralteten Ausdrucksweise der Verfahrensgesetze: §§ 166ff. ZPO, § 38 StPO) wendet.

Von einer Darstellung der Strafanstalten wird hier abgesehen.

Zweiter Hauptabschnitt: Gliederung nach der Art der Tätigkeit

Betrachtet man die Aufgaben der Justizbehörden und ihren Aufbau, so kann man dabei unterscheiden:

1) das Gericht bzw. die Staatsanwaltschaft als Organ der Rechtspflege (näheres S. 27f. bzw. S. 45),
2) die Justizverwaltung (näheres S. 48),
3) Organe richterlicher Selbstverwaltung: das Präsidium (beim AG: § 22a, beim LG: § 64, beim OLG: § 117 i. Vbdg. m. § 64, beim BbGH: § 131 i. Vbdg. m. § 64) (im übrigen zu vgl. S. 34),
4) gerichtliche Organe der Dienstzucht: Dienststrafgerichte für Beamte der Justizverwaltung, nämlich die Dienststrafkammer beim OLG (besetzt mit dem OLGPr als Vorsitzer und 2 Beisitzern, von denen 1 stets ein planmäßiger Richter sein muß) (§§ 108, 109 RDienststrafO vom 26 1. 1937 RGBl. I 71).

Nur bei dem mit 1 einzigen Richter besetzten AG bzw. bei der mit 1 einzigen StA besetzten StA liegen die vorerwähnten Aufgaben als Organ der Rechtspflege und als solches der Justizverwaltung in einer Hand. Will man die Unterscheidung recht erkennen, denkt man besser an größere Behörden.

Erster Abschnitt: Das Gericht als Organ der Rechtspflege

Erster Unterabschnitt: Allgemeines

In der einzelnen Rechtssache wird das Gericht selbstverständlich nicht als Behördenorganismus tätig, sondern als **Spruchkörper**. Nur beim AG als solchem (anders schon beim SchG oder beim Ldwgericht) wird dabei ein einzelner Richter tätig (§ 22 Abs. 1);

überall sonst bestehen die Spruchkörper aus mehreren Personen, weil man sich davon eine größere Gewähr für gründliche Aufklärung und zutreffende Würdigung des Sachverhalts sowie richtige Anwendung des Rechts verspricht. Ist der Spruchkörper mit mehreren Berufsrichtern besetzt, spricht man herkömmlich von **Kollegialgericht** (Richterkollegium). Aus Berufsrichtern und Laienrichtern gemischt sind in Strafsachen einige Spruchkörper, um das Vertrauen der Allgemeinheit zu stärken (SchG, StrK, SchwG), sonst, um fachkundige Kräfte bei der Entscheidung gleichberechtigt mitwirken zu lassen (z. B. LdwGericht, KfHs, Sonderbesetzung der ZK und ZS in Vertragshilfesachen). Beim Kollegialgericht sind dem **Vorsitzer** durch die Verfahrensgesetze besondere Aufgaben übertragen. Deshalb ist seine Auswahl im Gesetz besonders geregelt (zu vgl. S. 36). Denjenigen Beisitzer, der die Rechtssache eigens vorbereitet und später die Entscheidung abfaßt, nennt man **Berichterstatter** (z. B. §§ 324 Abs. 1, 351 Abs. 1 StPO; zu vgl. § 197 S. 3). Die Verfahrensgesetze sprechen, wenn sie die Erledigung einzelner Verfahrenshandlungen durch ihn erwähnen, vom „beauftragten Richter" (z. B. §§ 361ff. ZPO, §§ 223, 233 StPO). An Stelle des Kollegiums kann beim LG und OLG für gewisse Verfahrenshandlungen des bürgerlichen Rechtsstreits der **Einzelrichter** treten (§§ 75, 122; zu vgl. §§ 348f., 523a, 557a ZPO).

Urteile (nicht Beschlüsse) deutscher Gerichte werden herkömmlich mit einer Floskel versehen. Diese lautet jetzt „Im Namen des Volkes" (§ 311 Abs. 1 ZPO, § 268 Abs. 1 StPO).

A] Die **Zusammensetzung** der Spruchkörper erhellt aus folgender Übersicht (wobei die Zahl vor dem + die Berufsrichter, die Zahl dahinter die Laienrichter angibt).

Gericht:	Strafsachen:	Rechtsstreit u. freiw. Gerichtsbarkeit:	Sonderfälle:
AG.	1 AR	1 AR	LdwGer: 1+2
	SchG: 1+2		
LG.	kl. StrK: 1+2	ZK: 3	gew.Vertragsh: 1+2
	gr. StrK: 3+2	KfHs: 1+2	bzw. 2+1
	SchwG: 3+6		
OLG.	StrS: 3	ZS: 3	LdwSen: 3+2
	(im ersten Rechtsgang: 5)		gew.Vertragsh: 3+2
BGH.	5	ZS: 5	LdwSen: 5+2

B] Die **Rechtspflegeaufgaben** der Spruchkörper sind aus folgender Darstellung ersichtlich (dabei bedeutet:

1.	erster Rechtsgang (Instanz)
Ber.	Berufung
Rev.	Revision
Beschw.	Beschwerde
weit. Beschw.	weitere Beschwerde).

Gericht:	Spruchkörper:	Sachliche Zuständigkeit: Strafs.:	Rechtsstreit:	freiw. Gerichtsb.
AG.	AR	1.	1.	1.
	SchG.	1.		
LG.	ZK.		1.,Ber.,Beschw.	Beschw. (nur ausn. 1.)
	KfHs.		1.,Ber.,Beschw.	Beschw.
	kl. StrK.	Ber.		
	gr. StrK.	1., Ber., Beschw.		
	SchwG.	1.		
OLG.	ZS.		Ber., Beschw., weit. Beschw.	weit. Beschw. (in Ldw. Beschw.)
	StrS.	1., Rev., Beschw. weit. Beschw.		
BGH.	ZS.		Rev. (ausn. sof. Beschw.)	abg. weit. Beschw. (in Ldw. Rechtsbeschw.)
	StrS.	1., Rev.		

In Bayern nimmt in Sachen, bei denen es hauptsächlich auf Landesrecht ankommt (§§ 8ff. EGGVG), das BayObLG (wiedererrichtet durch Ges. Nr. 124 v. 11. 5. 48 GVBl S. 3) die sonst dem BGH obliegenden Aufgaben wahr.

C] Der **Rechtszug** (Instanzenzug) im einzelnen wird in der Darstellung des Verfahrensrechts geschildert.

D] Sonderabteilungen.

Neben den Spruchkörpern können Abteilungen ohne die Wesenseigentümlichkeiten der Gerichte bestehen, da das GVG nicht verbietet, den Gerichten auch andere als richterliche Aufgaben zu übertragen. Eine derartige Abteilung ist z. B. das im Reichsmietengesetz, Wohnungsmangelgesetz und MSchG vorgesehene **Mieteinigungsamt.** Die Einrichtung beruht auf dem 2. Abschnitt des MSchG vom 15. 12. 1942 (RGBl I 712). Das Verfahren ist geregelt in der Anordnung vom 16. 12. 1942 (RGBl I 723), die geschäftliche Behandlung der Mieteinigungssachen in der AV vom 22. 5. 1936 (DJ 847). Das Mieteinigungsamt besteht auch dort fort, wo die ihm im Wohnungsmangelgesetz übertragenen Aufgaben jetzt nach dem Wohnungsgesetz von Schlichtungsstellen wahrgenommen werden. Das Mieteinigungsamt verfährt, obwohl es sich bei Mieteinigungssachen nicht eigentlich um bürgerliche Rechtsstreitigkeiten handelt, nach den Vorschriften der ZPO (§ 38 MSchG). Gegen seine von Amts wegen zuzustellenden Entscheidungen gibt es die Rechtsbeschwerde an das LG als Beschwerdestelle (Besetzung mit 3 Berufsrichtern: AV vom 30. 9. 1939 DJ 1582).

Das Grundbuchamt hingegen, obwohl es Eingänge (wegen der Rangfolge) mit einem (auf Stunde und Minute genauen) besonderen Eingangsvermerk versieht (§ 13 GBO), ist keine solche von gerichtlichen Besonderheiten ausgenommene Sonderabteilung, sondern eine zur Erledigung gewisser Angelegenheiten der freiwilligen Gerichtsbarkeit bestimmte Abteilung wie Vormundschaftsgericht, Nachlaßgericht oder Registergericht. Die abweichende Bezeichnung erklärt sich daraus, daß die Grundbuchführung in einzelnen Ländern nicht dem AG, sondern anderen Stellen obliegt.

Auch die „Schiffahrtsgerichte" und „Schiffahrtsobergerichte" (nach BSchVG) sowie die „Rheinschiffahrtsgerichte" und „Rheinschiffahrtsobergerichte" (nach RhSchGG) — zu vgl. S. 17 — sind lediglich Spruchkörper gewisser AG bzw. OLG mit besonderer Zuständigkeit.

Zweiter Unterabschnitt: Einzelheiten

Erstes Hauptstück: Errichtung, Aufhebung, Sitzverlegung, Bezirksänderung

In einer Darstellung der Gerichtsverfassung erwartet man auch eine Erörterung, wie Gerichtsbehörden geschaffen, arbeitsfähig erhalten und beseitigt werden.

A] Errichtung eines Gerichts.

Die Errichtung eines Gerichts geschah nach § 1 Abs. 1 der „VO zur einheitlichen Regelung der Gerichtsverfassung" vom 20. 3. 1935 (RGBl I 403) durch Reichsgesetz. Die Kriegsvorschrift in

§ 1 Nr. 1 der „VO über Maßnahmen auf dem Gebiete der Gerichtsverfassung und der Rechtspflege" (kurz: 1. VereinfachungsVO) vom 1. 9. 1939 (RGBl I 1658), daß dazu eine Verfügung des RJM genüge, ist durch Art. 8 Nr. 11 des Wiedervereinheitlichungsgesetzes aufgehoben. Man wird jetzt, soweit das nicht besonders geregelt ist, ein Landesgesetz für erforderlich erachten müssen.

B] Aufhebung eines Gerichts.
Es gilt das zu A Gesagte.

C] Verlegung des Sitzes eines Gerichts.
Es galt dasselbe wie zu A. Anläßlich der Zweifel, die bei der von der Landesregierung Schleswig-Holstein ausgesprochenen Verlegung des OLG von Kiel nach Schleswig auftraten, erging in der britischen Zone die britMilRegVO Nr. 169 (in Kraft seit 1. 10. 1948), welche die gesetzgebende Körperschaft des Landes dazu für zuständig erklärt.

D] Änderungen eines Gerichtsbezirks.
Der Grundsatz lautet: ist eine Stadt- oder Landgemeinde mit ihrem ganzen Gebiet einheitlich einem AG zugeteilt, so gehört sie mit ihrem jeweiligen Gebietsumfang zum Bezirk dieses AG (§ 1 Abs. 3 VO 20. 3. 1935). Bei späteren Eingemeindungen tritt also der neue Ortsteil von selbst in den AGBezirk über, zu dem die aufnehmende Gemeinde gehört. Für höhere Gebietskörperschaften (Kreise, Provinzen) und andere Gerichte (LG, OLG) fehlt es an einer entsprechenden Vorschrift.

Im übrigen geschahen Änderungen in der Abgrenzung der Gerichtsbezirke nach § 1 Abs. 2 der VO vom 20. 3. 1935 durch VO des RJM. Die Kriegsvorschrift in § 1 Nr. 1 der 1. VereinfachungsVO, daß dazu eine Verfügung genüge, ist aufgehoben (zu vgl. bei A). Jetzt ist dazu eine VO des LJM erforderlich.

Die anderweitige Unterstellung eines Gerichts unter ein übergeordnetes Gericht geschieht jetzt durch VO der Landesjustizverwaltung,

z. B. über die Wiedervereinigung des Landgerichtsbezirks Detmold mit dem Oberlandesgerichtsbezirk Hamm vom 3. 4. 1947 (Justizblatt Hamm 1947 S. 75).

Zweites Hauptstück: Zusammenfassung von Aufgaben

Die in den Kriegsvorschriften des § 1 Nr. 2 der 1. VereinfachungsVO enthaltene **allgemeine** Befugnis des RJM, durch Verfügung für den Bezirk mehrerer Gerichte einem von ihnen gewisse Gruppen von Geschäften ganz oder teilweise zu übertragen, besteht nicht mehr.

Danach gibt es jetzt nur auf einzelnen Fachgebieten solche Befugnis der Landesjustizverwaltung, z. B. für Erledigung von Rechtshilfeersuchen (9. Teil § 4 NotVO vom 1. 12. 1930 RGBl I 517), für Aufgebote (§ 1006 Abs. 1 ZPO), für Strafsachen (§ 58 Abs. 1 GVG, § 21 Abs. 3 RJGG), für Landwirtschaftssachen (§ 5 LVO: sog. gemeinsch. Gerichte), für Registerführung (§ 125 Abs. 2 FGG).

Drittes Hauptstück: Einrichtung von Zweigstellen und Gerichtstagen

Zweigstelle eines AG ist die (meist auf gewisse Aufgaben beschränkte) örtliche Abteilung mit Sitz an einem anderen Ort seines Bezirks. Oft ist die Zweigstelle der Rest eines früher selbständigen Gerichts, das als solches aufgehoben und dem Bezirk eines anderen AG zugelegt wurde. Im zweiten Weltkrieg geschah das in größerem Umfang, aber meist nur mit vorübergehender Wirkung.

Gerichtstag nennt man die in geordneten Zeitabständen (z. B. monatlich) wiederkehrende Anwesenheit des Richters oder Rechtspflegers an einem Ort des AGbezirks außerhalb des Amtssitzes zur Erledigung von Amtshandlungen und zur Entgegennahme von Erklärungen und Anträgen.

Die Errichtung von Zweigstellen und das Abhalten von Gerichtstagen anzuordnen obliegt der LJVerw. (zu vgl. § 3 VO vom 20. 3. 1935).

Viertes Hauptstück: Errichtung von Spruchkörpern

Wer die Errichtung von Spruchkörpern (SchG, ZK, KfHs, StrK, SchwG, ZS, StrS) bei einem Gericht bestimmt, ist nicht einheitlich geregelt.

Es ist zuständig:

für ZK: der LGPr (§ 7 Abs. 2 VO 20. 3. 1935),
„ KfHs: die Landesjustizverwaltung (§ 93 GVG),
„ StrK: der LGPr (§ 7 Abs. 2 VO 20. 3. 1935),
„ auswärtige StrK: die Landesjustizverwaltung (§ 78 GVG),
„ gemeinschaftl. SchwG: die Landesjustizverwaltung (§ 92 GVG),
„ ZS u. StrS des OLG: der OLGPr (§ 8 Abs. 2 VO 20. 3. 1935),
„ auswärtige ZS oder StrS des OLG: die Landesjustizverwaltung (§ 116 Abs. 2),
„ ZS u. StrS (auch auswärtige) des BGH: der BJM (§ 130 Abs. 1 S. 2, Abs. 2).

Auswärtige („detachierte") nennt man die an einem Ort des Gerichtsbezirks außerhalb des Gerichtssitzes bestehenden Spruchkörper mit voller oder teilweiser sachlicher Zuständigkeit (KfHs: § 93 Abs. 2, StrK: § 78, ZS u. StrS §§ 116 Abs. 2, 130 Abs. 2).

Gemeinsam nennt man einen für die Bezirke mehrerer Gerichte gebildeten Spruchkörper (SchG § 58, SchwG § 92).

Gemeinschaftlich nennt man ein Gericht oder einen Spruchkörper, dessen Bezirk zu mehreren Ländern gehört.

Fünftes Hauptstück:
Einfluß von Änderungen der Gerichtseinteilung auf anhängige Verfahren

Wie sich Änderungen der örtlichen Gerichtseinteilung auf anhängige Verfahren auswirken, ist im Reichsgesetz vom 6. 12. 1933 (RGBl I 1037) geregelt, im wesentlichen allerdings nur für Strafsachen, bürgerliche Rechtsstreitigkeiten sowie Konkurs- und Vergleichsverfahren (d. h. den Sachbereich des GVG) (für freiwillige Gerichstbarkeit in Art. 2 nur in einer Nebenfrage: Abgeben eines beim unzuständigen Gericht eingelegten Rechtsmittels an das zuständige Art. 1 § 6).

Die Regelung gilt z. T (Art. 1 § 1 u. 5 Abs. 1) nur hilfsweise, d. h. soweit nicht bei der einzelnen Änderung der Gerichtseinteilung etwas anderes angeordnet ist.

Bezirksänderung eines Gerichts läßt seine Zuständigkeit auch für Anhangsverfahren wie nach Zurückverweisung (§§ 538—539, 565 ZPO, §§ 328 Abs. 2, 354 Abs. 2 StPO), Nachverfahren nach Grundurteil (§ 304 ZPO) oder Vorbehaltsurteil (§§ 302, 600 ZPO), Kostenfestsetzung (§§ 103ff. ZPO, § 464 Abs. 2 StPO), Wiederaufnahme (§§ 578ff. ZPO, §§ 359ff. StPO), Vollstreckungsgegenklage (§ 767 ZPO), Strafvollstreckung (§§ 449ff. StPO) **unberührt** (Art. 1 § 1).

Aufhebung eines Gerichts wirkt verschieden, je nachdem ob sein Bezirk als ganzes dem eines anderen Gerichts zugelegt oder ob er auf die Bezirke mehrerer anderer Gerichte aufgeteilt wird.

Rechtsmittel gegen Entscheidungen des aufgehobenen Gerichts gehen aber immer an das ihm bisher übergeordnet gewesene Gericht (Art. 1 § 5 Abs. 2 Nr. 2).

Bei **Zulegung** tritt das aufnehmende Gericht in jeder Hinsicht an die Stelle des aufgehobenen Gerichts (Art. 1 § 2).

Wird ein übergeordnetes Gericht aufgehoben, so gehen entsprechend, wenn sein ganzer Bezirk einem anderen übergeordneten Gericht zugelegt worden ist, alle Rechtsmittel an das aufnehmende übergeordnete Gericht (Art. 1 § 5 Abs. 2 Nr. 1).

Bei **Aufteilung** richtet sich im Zweifel die Zuständigkeit zur Weiterbearbeitung anhängiger Verfahren und von Anhangsverfahren danach, wohin der Ort des Amtssitzes des aufgehobenen Gerichts nunmehr gehört (Art. 1 § 3).

Entsprechendes gilt für Rechtsmittel, wenn der Bezirk eines übergeordneten Gerichts aufgehoben wird (Art. 1 § 5 Abs. 2 Nr. 2).

Bei bloß **anderweitiger Unterstellung** eines untergeordneten Gerichts unter ein anderes übergeordnetes Gericht bleibt bei Entscheidungen, die vor Inkrafttreten der Änderung erlassen (im ZP und StP: verkündet) sind, für Rechtsmittel das bisher übergeordnete Gericht zuständig (Art. 1 § 5 Abs. 1 S. 1).

Wird ein Gericht aufgehoben, so kann, um eine begonnene Verhandlung nicht abbrechen und demnächst von neuem beginnen zu müssen, ähnlich wie die Weiterbehandlung einer Sache vor demselben Spruchkörper in alter Besetzung (§ 65), in Strafsachen Fortsetzung der Hauptverhandlung vor denselben Richtern angeordnet werden (Art. 1 § 4).

Sechstes Hauptstück:
Geschäftsverteilung und Verteilung der Richterkräfte

A] Begriff.

Die (meist dem Gerichtsvorstand obliegende — zu vgl. S. 32) Bestimmung, **wieviele** Spruchkörper gleicher Art bei dem Gericht bestehen sollen, besagt noch nichts darüber, in welcher Weise die **Amtsgeschäfte** auf sie verteilt (Geschäftsverteilung) und welche **Richter** ihnen zugeteilt werden sollen.

B] Zuständigkeit.

I. sachlich.

Diese Befugnis ist durchweg dem **Präsidium** übertragen, einem aus dem Gerichtspräsidenten, seinem ständigen Vertreter, vorweg zum Vorsitz in den Spruchkörpern berufenen gehobenen Richtern (LGD, SenPr; beim AG: AGD, OAR) und Sprechern der übrigen Richter zusammengesetzten Kollegium der sog. richterlichen Selbstverwaltung.

Von den AG hat ein eigenes Präsidium nur das von einem AGPr geleitete (§ 22a). Für die LG steht das Nähere in § 64, worauf (mit gewissen Maßgaben) für das OLG § 117, für den BGH § 131 verweist.

II. örtlich.

Das Präsidium ist zuständig zur Geschäftsverteilung und Verteilung der Richterkräfte für das Gericht, bei dem es gebildet ist. Jedoch ist das Präsidium bei dem von einem AGPr geleiteten AG auch zuständig für diejenigen AG, über die dem AGPr (an Stelle des LGPr) die Dienstaufsicht zusteht (§ 22c Abs. 1 S. 2). Für die nicht von einem AGPr geleiteten AG — also bei weitem die meisten — ist das Präsidium des übergeordneten LG zuständig (§ 22c Abs. 2).

C] Entschließung.

Das Präsidium entscheidet nach Stimmenmehrheit. Bei Stimmengleichheit gibt die Stimme des Präsidenten den Ausschlag (§ 22a Abs. 3, 64 Abs. 4).

D] Dauer.

Das Präsidium trifft seine Anordnungen jeweils für ein Geschäftsjahr vor dessen Beginn. In dessen Lauf darf sie nur geändert werden, wenn dies wegen Überlastung eines Spruchkörpers (beim AG auch: eines Richters), wegen Wechsels oder wegen dauernder Behinderung eines Richters erforderlich wird (§§ 22b, 63 GVG).

Würde eine ein AG betreffende Änderungsanordnung des Präsidiums zu spät kommen, trifft sie der Präsident, hat sie aber dem Präsidium unverzüglich vorzulegen. Dieses kann sie ändern. Tut es das nicht, bleibt die Anordnung des Präsidenten in Kraft (§ 22c Abs. 3).

Der Präsident kann bestimmen, daß für eine einzelne Sache, in welcher während des Geschäftsjahres bereits eine Verhandlung stattgefunden hat, die bisherige Zusammensetzung des Spruchkörpers auch nach Ablauf des Geschäftsjahres bestehen bleibt (§§ 65, 117, 131).

E] Verteilungsgrundsätze.

I) Geschäftsverteilung.

Die Verteilung der Geschäfte auf gleichartige Spruchkörper geht nach folgenden Gesichtspunkten vor sich:

a] nach der **Art** des Amtsgeschäfts, etwa: Rechtsstreitigkeiten ersten Rechtsgangs, Berufungen, Beschwerden, Revisionen usw.;

b] nach dem Anfangs**buchstaben** des Familiennamens der Verfahrensbeteiligten (etwa: des Beklagten), wobei dann Regeln darüber aufzustellen sind, was in Sonderfällen (zusammengesetzte Namen, Firmen usw.) als Anfangsbuchstabe anzusehen ist; Ehesachen werden oft nach Buchstaben verteilt;

c] **örtlich** (besonders bei übergeordneten Gerichten je nachdem, welches unterstellte Gericht vorher entschieden hat);

d] **sachlich** (z. B. Schuldrecht, Sachenrecht, Familienrecht, Erbrecht).

II) Verteilung der Richterkräfte.

a] Die zu vergebenden Rollen.

Für jeden Spruchkörper sind zu bestimmen:

1) der Vorsitzer,
2) dessen regelmäßiger Vertreter,
3) die ständigen Mitglieder,
4) deren regelmäßige Vertreter.

b] Die Anwärter auf die Rollen.

1) Vorsitzer.

Zum Vorsitz in den Spruchkörpern berufen sind der Präsident und die gehobenen Richter:

Kammern des LG: LGD (§ 62 Abs. 1 S. 1), jedoch KfHs (§ 105 Abs. 1) und kl. StrK (§ 62 Abs. 1 S. 2): LGD oder LGR,
ausw. KfHs (§ 93 Abs. 2): Vorsitzer kann ein AR sein (§ 106),
ausw. StrK: Vorsitzer ein Mitglied des LG oder ein AR (§ 78 Abs. 2),
Senate des OLG: SenPr (§§ 62 Abs. 1 S. 1, 117),
Senate des BGH: SenPr (§§ 62 Abs. 1 S. 1, 131).

2) Regelmäßiger Vertreter des Vorsitzers.

Zum regelmäßigen Vertreter des Vorsitzers kann ein Mitglied des Spruchkörpers bestellt werden (§§ 66 Abs. 1 Halbs. 1, 117, 131), das nicht der älteste Richter dieses Spruchkörpers zu sein braucht.

Ist kein regelmäßiger Vertreter bestellt oder ist auch dieser verhindert, so führt der Richter den Vorsitz, der in dem Spruchkörper dem Dienstalter nach, bei gleichem Dienstalter der Geburt nach der älteste ist (§ 66 Abs. 1 Halbs. 2, 117, 131).

3) Mitglieder.
Ob dem Spruchkörper Richter über die Anzahl, die für die jeweilige Erledigung einer Rechtssache (§§ 75, 76, 105, 122, 139) erforderlich ist, hinaus zugeteilt werden, hängt von dem Umfang der Geschäfte und der zur Verfügung stehenden Richterkräfte ab.
Die dem Spruchkörper zuzuteilenden Richter sind Mitglieder des Gerichts oder, soweit das bei diesem Gericht zulässig ist (zu vgl. S. 56), Hilfsrichter. Zu Mitgliedern einer auswärtigen StrK können auch AR ihres Bezirks bestimmt werden (§ 78 Abs. 2 S. 1).

4) Regelmäßige Vertreter der Mitglieder.
Als regelmäßige Vertreter der ständigen Mitglieder des Spruchkörpers können mit Namen genannte Richter bestimmt oder es kann angeordnet werden, daß sich die Mitglieder mehrerer Spruchkörper untereinander wechselseitig vertreten (z. B. die der 3. und die der 4. ZK).

c] Die Verteilung der Rollen.

Ein und derselbe Richter kann mehreren Spruchkörpern zugeteilt werden (§§ 63 Abs. 1 S. 2, 117, 131).

Welchen Spruchkörper er sich anschließt, bestimmt der Präsident des Gerichts selbst (§§ 22c Abs. 1 S. 3, 62 Abs. 1 S. 2, 117, 131).

1) Über die Verteilung des Vorsitzes entscheiden im übrigen der Präsident des Gerichts und die gehobenen Richter (LGD, SenPr) (§§ 62 Abs. 2 S. 2, 117, 131), nur den Vorsitzer der kl. StrK und einer auswärtigen StrK bestimmt das Präsidium (§§ 62 Abs. 1 S. 2, 78 Abs. 2 S. 2).

2) Den regelmäßigen Vertreter des Vorsitzers bestimmt das Präsidium (§ 66 Abs. 1 Halbs. 1).

3) Die ständigen Mitglieder des Spruchkörpers bzw. den AR für jeden Geschäftskreis bestimmt das Präsidium (§§ 22b Abs. 1 S. 1, 22c, 63 Abs. 1 S. 1, 64, 78 Abs. 2 S. 2, 117, 131).

4) Die regelmäßigen Vertreter der Mitglieder des Spruchkörpers bzw. des AR bestimmt das Präsidium (§§ 22b Abs. 1 S. 2, 22c, 63 Abs. 1 S. 1, 64, 117, 131).

Ist der regelmäßige Vertreter des Mitglieds des Spruchkörpers verhindert, bestimmt der Präsident einen zeitweiligen (§§ 67, 117, 131). Dazu kann er auch sich selbst auswählen.

Ist beim LG oder OLG die Vertretung eines Mitglieds durch ein Mitglied desselben Gerichts nicht möglich, so wird sie auf Antrag des Präsidiums durch die LJVerw geordnet (§§ 70 Abs. 1, 117).

F] Bedeutung.

I) Geschäftsverteilung.

Die Beachtung der vom Präsidium angeordneten Geschäftsverteilung hat auf die Gültigkeit der Amtsgeschäfte keinen Einfluß. Der Rechtsuchende kann also z. B. das Urteil der 1. Strafkammer eines LG nicht mit der Begründung anfechten, zur Entscheidung dieser Sache sei nach der Geschäftsverteilung die 2. Strafkammer zuständig gewesen.

II) Verteilung der Richterkräfte.

Da die Verfahrensgesetze unvorschriftsmäßige Besetzung des Gerichts als unbedingten (absoluten) Revisionsgrund (§ 551 Nr. 1 ZPO, § 338 Nr. 1 StPO), im bürgerlichen Rechtsstreit sogar als Wiederaufnahmegrund (§ 579 Abs. 1 Nr. 1 ZPO) behandeln, ist die Verteilung der Richterkräfte und die Beachtung der Anordnung des Präsidiums sehr wichtig.

III) Besonderheiten beim AG.

Beim AG fällt, da es jeweils nur durch 1 Richter handelt (§ 22 Abs. 4), die Geschäftsverteilung praktisch mit der Verteilung der Richterkräfte zusammen. Sie bedeutet hier nur einen inneren Vorgang, der lediglich den Bereich der an sich von dem AR zu erledigenden Geschäfte bezeichnet. Die Gültigkeit einer Amtshandlung wird deshalb nicht dadurch berührt, daß sie eigentlich von einem anderen Richter dieses AG hätte vorgenommen werden sollen (§ 22d),

z. B. ein Grundbucheintrag darf nicht deshalb angezweifelt werden, weil er von einem AR vorgenommen ist, dem im Geschäftsverteilungsplan Nachlaßsachen zugewiesen sind.

G] Verteilung innerhalb eines Spruchkörpers.

Innerhalb des Spruchkörpers obliegt die Regelung dem Vorsitzer.

I) Geschäftsverteilung.

Der Vorsitzer verteilt die Geschäfte des Spruchkörpers auf dessen Mitglieder (§§ 69, 117, 131). Es bleibt ihm überlassen, ob er dabei starr (etwa nach der Art des Geschäfts, z. B. alle Beschwerden oder solche bestimmten Inhalts, oder nach der laufenden Nummer des Aktenzeichens) oder beweglich verfährt.

II) Verteilung der Richterkräfte.

Sind dem Spruchkörper mehr Richter zugewiesen, als jeweils zur Erledigung der einzelnen Rechtssache erforderlich ist (zu vgl. S. 28), so bestimmt der Vorsitzer, nach welchem Plan sie zu den Sitzungen des Spruchkörpers herangezogen werden usw.

Siebentes Hauptstück: Einrichtungen zur Wahrung der Rechtseinheit

Der Wahrung der Rechtseinheit dienen:

die Sprungrevision,

die Großen Senate der höchsten Gerichte,

die ausdrückliche Zulassung eines sonst nicht statthaften Rechtsmittels im Einzelfall,

das Abgeben an ein übergeordnetes Gericht,

das Vorlegen an ein übergeordnetes Gericht zur Vorabentscheidung einer grundsätzlichen Rechtsfrage,

das Ausstatten gewisser Entscheidungen höchster Gerichte mit Gesetzeskraft.

Als Mittel zur zeitigen Herbeiführung einer Entscheidung des höchsten Gerichts kennt die Rechtsordnung die sog. **Sprungrevision,** d. h. ein Verfahrensbeteiligter darf statt der auch die Tatsachenseite umfassenden Berufung, die indes nur an ein Obergericht gehen würde, in Übergehung dieses (zweiten) Rechtsganges sogleich die nur die rechtliche Nachprüfung bezweckende Revision an das höchste Gericht einlegen, wodurch in der Einzelsache, die vielleicht als Musterfall für viele andere gilt, schneller eine maßgebende Entscheidung der grundsätzlichen Frage erreicht werden kann.

a] Für den bürgerlichen Rechtsstreit ist die Sprungrevision in § 566a ZPO geregelt.

b] In Strafsachen ist sie in § 335 StPO geregelt.

Die richterliche Unabhängigkeit bringt es mit sich, daß die Entscheidungen der Gerichte oft auch in Rechtsfragen auseinanderklaffen, wo man doch eine einheitliche Auffassung glaubt erwarten zu dürfen.

Die Rechtsordnung trifft indes gewisse Vorkehrungen zur Erzielung gleichmäßiger Rechtsauslegung, und zwar solche sowohl innerhalb desselben Gerichts wie im Verhältnis der verschiedenen Gerichte zueinander.

A] Einrichtungen innerhalb desselben Gerichts.

I) Die Rechtsprechung innerhalb desselben Gerichts aufeinander abzustimmen ist beim AG, LG und OLG lediglich der Einsicht der Richter überlassen. Man hilft sich durch Besprechung solcher Rechtsfragen, die bei mehreren Spruchkörpern vorkommen, in Zusammenkünften der beteiligten Richter, um nach ausgiebiger Erörterung des Für und Wider möglichst Einhelligkeit zu erreichen. Das Ergebnis ist aber nur als unverbindliche Empfehlung zu betrachten. Ein Plenum, d. h. ein Kollegium aus allen Richtern desselben Gerichts, gibt es mit irgendwelchen gesetzlichen Aufgaben bei keinem Gericht mehr.

II) Große Senate.
Zur Wahrung der Rechtseinheit innerhalb des BGH gibt es den Großen Senat für Zivilsachen, den Großen Senat für Strafsachen und die Vereinigten Großen Senate.

a] Zuständigkeit.
Der **GrSen** tritt in Tätigkeit, wenn

1) ein Senat des BGH in einer **Rechtsfrage** von der Entscheidung eines anderen gleichartigen Senats des BGH (also ZS von ZS, StrS von StrS) oder des entsprechenden GrSen (also ZS von GrZS, StrS von GrStrS) **abweichen** will (§ 136 Abs. 1),

2) ein Senat des BGH es in einer Frage von **grundsätzlicher** Bedeutung zur Fortbildung des Rechts oder zur Sicherung einer einheitlichen Rechtsprechung für erforderlich hält (§ 137).

Die **VerGrSen** treten in Tätigkeit, wenn ein Senat des BGH von der Entscheidung eines anderen ungleichartigen Senats des BGH (also ZS von StrS, StrS von ZS) oder des ungleichartigen GrSen (also ZS von GrStrS, StrS von GrZS) oder von der früher eingeholten Entscheidung der VerGrSen abweichen will (§ 136 Abs. 2).

b] Zusammensetzung.

Jeder GrSen besteht aus dem Präsidenten und 8 Mitgliedern des BGH. Die Mitglieder und ihre Vertreter werden durch das Präsidium des BGH für 2 Geschäftsjahre bestellt (§ 132 Abs. 2—3).

Die VerGrSen bestehen aus dem Präsidenten des BGH und sämtlichen Mitgliedern der beiden GrSen (§ 132 Abs. 4).

Der vorlegende Senat, in den Fällen beabsichtigter Abweichung (§ 136) auch der Senat, von dessen Entscheidung der vorlegende Senat abweichen möchte, können in die Sitzung des GrSen bzw. der VerGrSen ihren Vorsitzer (SenPr) oder ein von diesem bestimmtes Senatsmitglied entsenden, der dann in dieser Sache mit vollen Befugnissen, insbesondere also Stimmrecht, teilnimmt (§ 132 Abs. 5 S. 2).

Den Vorsitz in den GrSen und den VerGrSen führt der Präsident des BGH (§ 132 Abs. 5 S. 1). Bei Stimmengleichheit gibt seine Stimme den Ausschlag (§ 132 Abs. 5 S. 3).

c] Verfahren.

Der GrSen und die VerGrSen entscheiden ohne mündliche Verhandlung (also nichtöffentlich) nur über die von dem vorlegenden Senat abgefaßte Frage, fällen mithin nicht eigentlich in der Rechtsache, in der diese Frage auftauchte, selbst die diese abschließende Entscheidung (also nicht das Revisionsurteil) (§ 138 Abs. 1). Die Entscheidung des GrSen oder der VerGrSen bindet den vorlegenden Senat in der betr. Rechtsache (§ 138 Abs. 3), also nicht ohne weiteres für spätere gleichartige Fälle. Nachdem der GrSen oder die VerGrSen die vorgelegte Frage entschieden haben, teilt der vorlegende Senat das den Verfahrensbeteiligten der betr. Rechtsache (Parteien,

Angekl. usw.) mit, lädt sie zur mündlichen Verhandlung bzw. Hauptverhandlung und erkennt in der Sache (§ 138 Abs. 4).

Dem OBA wird bei den VerGrSen stets, in Strafsachen sowie (beim GrZSen) in Ehe-, Kindschafts-, Entmündigungs- und Todeserklärungssachen Gelegenheit zur Stellungnahme, auch zur mündlichen Darlegung seiner Auffassung in der Sitzung gegeben (§ 138 Abs. 2).

B] Einrichtungen im Verhältnis der verschiedenen Gerichte zueinander.

Die Mittel zur Wahrung der Rechtseinheit sind dort, wo eine Sache nicht ohnehin an ein höchstes Gericht gelangen kann, für die verschiedenen Rechtsbereiche verschieden.

I) Zulassung eines Rechtsmittels im Einzelfall.

Wo ein Rechtsmittel entweder überhaupt nicht oder mangels gewisser Voraussetzungen (z. B. Wertgrenze) nicht gegeben wäre, soll es vom Gericht durch ausdrückliche Zulassung im Einzelfall eröffnet werden.

a] Im **bürgerlichen Rechtsstreit** hat das OLG in seinem Berufungsurteil die **Revision** an den BGH **zuzulassen,** wenn die Rechtssache **grundsätzliche** Bedeutung hat, insbesondere wenn es von einer Entscheidung des BGH abweicht (§ 546 Abs. 1—2 ZPO). Das kommt also namentlich bei Ehe-, Kindschafts- und Entmündigungssachen sowie bei vermögensrechtlichen Streitigkeiten mit einem Wert des Beschwerdegegenstandes bis zu 6000 DM in Betracht.

b] In **Landwirtschaftssachen** soll das OLG bei grundsätzlicher Bedeutung die Rechtsbeschwerde an den BGH zulassen (§ 2 LVR).

c] Die bis zur Aufhebung des DOG (durch Ges. Nr. 51 der HK) in Art. VI amerikMilRegProkl Nr. 8 = britMilRegVO Nr. 127 festgelegte Pflicht, dann, wenn eine die Entscheidung tragende Rechtsfrage von grundsätzlicher Bedeutung für die wirtschaftliche Einheit des Vereinigten Wirtschaftsgebietes war, die Revision an das DOG zuzulassen, bestand, seitdem (durch Ges. Nr. 38 der HK) die Bundesgerichte ausgenommen waren, für die ordentlichen Gerichte auch dort nicht mehr, wo der Einzelfall nicht bis an ein Bundesgericht gelangen konnte (Urt. des DOG v. 21. 12. 1950 MDR 1951, 101[56]=NJW 1951, 154[7]).

II) Abgeben des Rechtsmittels an ein höchstes Gericht.

Ein anderes Mittel ist die Verlagerung des Rechtsganges: in außerordentlichen Fällen gibt das nach dem gewöhnlichen Lauf mit dem Rechtsmittel befaßte Gericht dieses an ein höchstes Gericht ab, damit dieses an seiner Stelle entscheide. Bei den ordentlichen Gerichten gibt es derartiges:

a] in Strafsachen:

Will ein OLG bei seiner Entscheidung von einer (seit dem 1. 4. 1950 ergangenen) Entscheidung eines anderen OLG oder von einer Entscheidung des BGH abweichen, so hat es das Rechtsmittel unter Darlegung seiner Rechtsauffassung dem BGH zur Entscheidung abzugeben (§ 121 Abs. 2);

b] in der freiwilligen Gerichtsbarkeit:

Will ein OLG in der über die weitere Beschwerde zu treffenden Entscheidung von der Auslegung einer bundesrechtlichen Vorschrift abweichen, die in einer Entscheidung des BGH oder eines anderen OLG steht, so hat es unter Begründung seiner Rechtsauffassung das Rechtsmittel dem BGH abzugeben (§ 28 Abs. 2 FGG).

III) Vorlegen zur Vorabentscheidung einer grundsätzlichen Rechtsfrage.

Ein drittes Mittel ist, daß es bei dem gewöhnlichen Rechtszug bleibt, das mit der Rechtssache befaßte Gericht aber, bevor es in dieser entscheidet, die daraus losgelöste Rechtsfrage einem höchsten Gericht unterbreitet und dessen Stellungnahme dann seiner Entscheidung der Rechtssache zugrundelegt (ähnlich wie im Verhältnis zwischen einem Senat des BGH und dessen GrSen bzw. dessen VerGrSen — zu vgl. S. 41). (Man kann das als ein Überbleibsel der mittelalterlichen Aktenversendung an einen Obergerichtshof oder eine Juristenfakultät ansehen).

Vorlage ist in folgenden Fällen vorgeschrieben:

a] an das Oberste Bundesgericht.

Über den oberen Bundesgerichten für die ordentliche (d. h. den BGH), die Verwaltungs-, die Finanz-, die Arbeits- und Sozialgerichtsbarkeit (Art. 96 GrdGes) steht das Oberste Bundesgericht (Art. 95 GrdGes). Es befaßt sich mit Fällen, deren Entscheidung für die Einheitlichkeit der Rechtsprechung der oberen Bundesgerichte von grundsätzlicher Bedeutung ist. Das zur Regelung der Einzelheiten vorgesehene Bundesgesetz steht z. Z. noch aus.

b] an das Bundesverfassungsgericht.

Hält ein Gericht

1) ein für seine Entscheidung erhebliches Bundesgesetz, Landesgesetz oder sonstiges Landesrecht für unvereinbar mit dem Grundgesetz des Bundes (Art. 100 Abs. 1 GrdGes) oder

2) ein für seine Entscheidung erhebliches Landesgesetz für unvereinbar mit einem Bundesgesetz (Art. 100 Abs. 1 S. 2 GrdGes) oder

3) es in einem Rechtsstreit für zweifelhaft, ob eine Regel des Völkerrechts Bestandteil des Bundesrechts ist oder ob sie unmittelbar Rechte und Pflichten für den Einzelnen erzeugt (Art. 25, 100 Abs. 2 GrdGes), oder

4) den streitigen Umstand, ob ein Gesetz als Bundesrecht fortgilt, für erheblich (§ 86 Abs. 2 BVerfGerGes),

so hat es sein Verfahren auszusetzen und über diese Frage die Entscheidung des Bundesverfassungsgerichtes (Art. 94 GrdGes) einzuholen (§ 13 Nr. 11 u. 12, 80ff., 83f., 86 BVerfGerGes).

Hält ein Gericht ein Landesgesetz für unvereinbar mit der Landesverfassung, so hat es entsprechend die Entscheidung des Landesverfassungsgerichts einzuholen (Art. 100 Abs. 1 S. 1 GrdGes).

c) an das Obergericht für das Vereinigte Wirtschaftsgebiet.

Hielt ein Gericht eine zu gesetzlichen Vorschriften der Verwaltung des Vereinigten Wirtschaftsgebietes ergangene Ausführungsbestimmung auf seine Entscheidung für bedeutungsvoll, aber ungültig, so hatte es, bevor es seine Entscheidung erließ, die Frage der Ungültigkeit dem DOG vorzulegen. Diese Vorlegungspflicht ist seit Aufhebung des DOG (durch Ges. Nr. 51 der HK) weggefallen.

C] Allgemeine Bindungskraft einer Gerichtsentscheidung.

Die in einer Gerichtsentscheidung enthaltene Auslegung einer Rechtsfrage bindet regelmäßig nur in der Einzelsache, in der sie ergangen ist. Genießt das Gericht, das die Entscheidung erlassen hat, großes Ansehen, so pflegt man dessen Auslegung bedeutendes Gewicht beizumessen. Festgelegt wird dadurch aber weder dieses Gericht selbst noch ein anderes Gericht. Will ein anderes Gericht davon abweichen, kann in gewissen Fällen (zu vgl. S. 42) für es die Pflicht entstehen, die Sache an das höchste Gericht zu bringen.

In gewisser Durchbrechung des Grundsatzes der Gewaltenteilung binden Entscheidungen des **Bundesverfassungsgerichts** auch die Gerichte (§ 31 Abs. 1 BVerfGerGes) und genießen solche über Vereinbarkeit von Recht niederen mit Recht höheren Ranges (Art. 93 Abs. 1 Nr. 2, 100 Abs. 1 GrdGes), über Fortgelten von Recht als Bundesrecht (Art. 126 GrdGes) und über Völkerrecht (Art. 100 Abs. 2 GrdGes) **Gesetzeskraft** (Art. 94 Abs. 2 GrdGes, § 13 Nr. 6, 11, 12 u. 14, § 31 Abs. 2 BVerfGerGes), weshalb letztere im BGBl amtlich veröffentlicht werden.

Ähnlich war amtlich (anfangs im GuVOBldVerWiGeb, sodann im WiGBl, zuletzt im BGBl) veröffentlichten Entscheidungen des DOG, die es als eine Art Verfassungsgericht (nach Art. V) oder auf Revision (nach Art. VI) erließ, bindende Kraft gegenüber allen deutschen Gerichten und Behörden beigelegt (Art. IX amerikMilRegProkl Nr. 8 = britMilRegVO Nr. 127). Diese Kraft ist durch Art. 4 Ges. Nr. 51 der HK beseitigt.

Zweiter Abschnitt:
Die Staatsanwaltschaft als Organ der Rechtspflege

A] Selbständigkeit.

Als Behörde steht die StA völlig selbständig neben dem Gericht, wenngleich man sie z. B. als „Staatsanwaltschaft bei dem Landgericht X" bezeichnet. Gericht und StA sind in der Erfüllung ihrer Aufgaben unabhängig voneinander (§ 150). Es gibt keinerlei Weisungen in der einen oder anderen Richtung. Beide unterstehen in der obersten Spitze derselben Aufsicht (zu vgl. S. 49).

Kein StA darf die Dienstaufsicht über Richter ausüben (§ 151 S. 2). Das schließt aber nicht aus, daß ein Richter in einem außergerichtlichen Bereich sachlich der StA untersteht (z. B. als nebenberuflicher Vorsteher einer Strafanstalt — zu vgl. S. 47).

B] Arbeitsgrundsätze.

I) Leitungsgrundsatz.

Die StA arbeitet nach dem Leitungsgrundsatz: die dem Leiter beigegebenen Beamten handeln — wie auch sonst bei Verwaltungsbehörden — für diesen (§ 144).

a] Das zeigt sich nach außen darin, daß die Behörde nicht mit einer Sachbezeichnung („die Staatsanwaltschaft") auftritt, sondern unter der Bezeichnung des Leiters („der OStA", „der GenStA") und der beigegebene Beamte in dessen Auftrag zeichnet („I. A.").

b] Der einzelne StA ist (anders als der Richter) weisungsgebunden (§ 146), letztlich dem LJM (§ 147 Nr. 2), der OBA und die Bundesanwälte dem BJM gegenüber (§ 147 Nr. 1).

c] Der Behördenleiter kann (anders als beim Gericht) (§ 145 Abs. 1)

1) eine einzelne Amtsverrichtung an sich ziehen,
z. B. kann der OStA sich persönlich die Schlußzeichnung gewisser Anklagen oder in einer einzelnen Sache vorbehalten,

2) die Verrichtung einer unterstellten Behörde selbst ausüben,
z. B. kann der GenStA eine Anklage vor dem LG persönlich vertreten (während der OLGPr nicht etwa an Stelle des LGPr den Vorsitz in der Berufungszivilkammer des LG übernehmen darf),

3) eine einzelne Amtsverrichtung durch einen anderen als den nach der Geschäftsverteilung zunächst zuständigen Beamten wahrnehmen lassen,
z. B. die Anklagevertretung in einer Strafsache vor dem LG Y einem StA von der StA Z übertragen.

II) Örtliche Zuständigkeit.

Die örtliche Zuständigkeit der StA richtet sich grundsätzlich nach der des Gerichts, bei dem die Behörde besteht (§ 143).

C] Aufgaben.

Die Hauptaufgaben der StA liegen im Bereich der Strafrechtspflege; daneben hat sie aber auch geringere andere Aufgaben.

Ihre Aufgaben sind:

I) in Strafsachen:

a] **Strafverfolgung.**
Die StA ist Strafverfolgungsbehörde: ihr obliegt die Ermittlung (§§ 158ff. StPO), die Anklage (§ 152 StPO) und deren Vertretung in der Hauptverhandlung.

b] **Strafvollstreckung.**
Die StA ist Strafvollstreckungs- (§ 451 StPO) und Gnadenbehörde, letzteres auch bei Ungebühr- (§ 178) und Ordnungsstrafen (§§ 51, 70, 77 StPO, §§ 380, 390, 409, 411, 141, 619 ZPO). Ihr unterstehen die Strafanstalten.

c] **Strafregister.**
Die StA führt das Strafregister.

d] **Zustellungen.**
Die StA besorgt grundsätzlich die Zustellungen (§ 36 StPO).

II) in **Zivilsachen:**

Die allgemeine Mitwirkung der StA in Zivilsachen ist zwar nach Aufhebung des Ges. vom 15. 7. 1941 (RGBl I 383) (in der brit. Zone durch VO vom 12. 7. 1948 VoBlBZ 215) wieder beseitigt. Geblieben aber sind einzelne Aufgaben in gewissen Verfahrensarten, nämlich in **Ehe-, Kindschafts- und Entmündigungssachen.**

In Ehe- (§§ 607, 631ff. ZPO), Kindschafts- (§§ 640, 607 ZPO) und Entmündigungssachen (§§ 646, 652, 659, 663, 666ff., 678, 686 ZPO) hat die StA besondere Aufgaben. Dabei hat sie teils die Rolle einer Partei (§§ 632, 637, 666, 686 ZPO), des Antragstellers (§§ 646, 675ff. ZPO) oder des Rechtsmittelführers (§§ 663, 678 ZPO), teils nimmt sie im Verfahren eine eigenartige Stellung ein (§§ 607, 634, 640, 652 ZPO) (dazu § 138 Abs. 2).

III) in der **freiwilligen Gerichtsbarkeit:**

In einzelnen Verfahrensarten der freiwilligen Gerichtsbarkeit ist der StA eine besondere Verfahrensstellung eingeräumt, so bei der Todeserklärung zur Wahrung der allgemeinen Belange (§§ 16, 30 Verschollenheitsges) (dazu § 138 Abs. 2).

IV) bei **Entscheidungen über Rechtsgültigkeit usw. gewisser Rechtsvorschriften.**

Handelte es sich in irgendeinem Gerichtsverfahren um die Rechtsgültigkeit oder Auslegung von Gesetzen der Verwaltung des Vereinigten Wirtschaftsgebietes oder von Ausführungsbestimmungen dazu, so konnte — bis zur Aufhebung des DOG — dessen Generalanwalt sich an dem Verfahren beteiligen, um die Zulassung der Revision an das DOG zu erwirken (Art. XI Abs. 2 Buchst. c, Art. VI, Art. V amerikMilRegProkl Nr. 8 = britMilRegVO Nr. 127).

V) als **Fiskusvertreter:**

Die StA (und zwar der GenStA beim OLG) vertritt den Landesfiskus bei Klagen

a) von Justizbeamten oder ihrer Hinterbliebenen auf Dienstbezüge (zu vgl. § 71 Abs. 2 Nr. 1),

b) des Geschädigten auf Schadenersatz aus Amtspflichtverletzung von Justizbeamten (zu vgl. § 71 Abs. 2 Nr. 2, Abs. 3),

c) der auf Erstattung in Anspruch genommenen Justizbeamten auf Aufhebung der von einer Justizbehörde erlassenen Erstattungsbeschlüsse.

Hierbei muß auch der GenStA einen bei dem Streitgericht zugelassenen RA zur Vertretung des verklagten Justizfiskus bestellen.

D) sog. Hilfsbeamte der StA.

Bedienstete (Beamte und Angestellte) der Polizei und anderer mit Ermittlung von Strafsachen befaßter Verwaltungen (z. B. Preisbehörden) können zu sog. „Hilfsbeamten der StA“ bestellt werden (§ 152), wodurch sie der StA bei der Strafverfolgung in bestimmter Weise unterstellt werden; das ist für Vollzugsbeamte des Bundeskriminalpolizeiamtes in bestimmter Weise allgemein ausgesprochen (§ 5 Abs. 1 BKAGes).

Dritter Abschnitt: Justizverwaltung

Die Justizverwaltung hat die Aufgabe, alles für die Ausübung der Rechtspflege zu beschaffen und zu unterhalten.

Da sie selbst keine Rechtspflege darstellt, gelten für sie nicht die richterlichen Besonderheiten, sondern der allgemeine Über- und Unterordnungsgrundsatz der Verwaltung.

A) Aufbau.

Die Justizverwaltung wird ausgeübt von dem BJM, dem LJM, dem Gerichtsvorstand (PräsBGH, OLGPr, LGPr, AGPr, AGD, OAR, AufsR) und dem Vorsteher der StA (OBA, GenStA,

OStA, AA). Dabei nimmt der AGPr (nur an ganz großen AG gibt es AGPr), da er Dienstvorgesetzter auch der AR ist, eine andere Stellung ein als die (je nach Größe des AG verschieden eingestuften und betitelten — AGD, OAR, AGR —) Aufsichtsrichter des AG (im übr. zu vgl. §§ 22 Abs. 3, 66 Abs. 2, 117, 131 sowie §§ 4, 13ff. VO vom 20. 3. 1935 RGBl I 403).

Der Aufbau der Justizverwaltung erhellt aus folgender Übersicht:

```
┌────BJM────┐          ┌──────────LJM──────────┐
PräsBGH    OBA        OLGPr──┐              GenStA
                        │    │                 │
                      LGPr   │               OStA
                        │    │                 │
        AGD, OAR, AufsR   AGPr                 AA
```

Der Präsident wird durch den zu seinem Vertreter ernannten (Vizepräsidenten, SenPr, LGD), sonst durch den ältesten gehobenen (SenPr, LGD, AGD, OAR), mangels solcher den ältesten der übrigen Richter vertreten (§ 66 Abs. 2).

B] Aufgaben.

Aufgaben der Justizverwaltung sind insbesondere:

I) die Justizbehörden zu versehen mit
- a] Personal (auch Richter), und zwar
  - 1) dessen Beschaffung, namentlich
    - α] Ausbildung,
    - β] Ernennung, Versetzung, Beförderung, Beurlaubung und Entlassung,
    - γ] Weiterbildung,
  - 2) die Dienstzucht, d. h. die Beobachtung in Lebensführung und Eingreifen bei Ungehörigkeiten, äußerstens Ingangsetzen der Dienststrafgewalt (zu vgl. S. 27),
- b] Gebäuden, und zwar Errichtung und Instandhaltung (ob und wieweit dabei staatliche Baubehörden eingeschaltet werden, ist hier nicht zu erörtern),
- c] Geschäftsbedarf (Möbeln, Geräten, z. B. Schreibmaschinen, Büchern, Vordrucken, Kraftwagen usw.),
- d] Geld (gesamtes Kassen- und Haushaltswesen) (beim OLG: Rechnungsamt, beim LG: Bezirksrevisor mit Aufgaben im Kostenwesen);

II) die Dienstaufsicht auszuüben, z. B. Anhalten zur Vornahme von Dienstgeschäften, Überwachen der Erledigung in zeitlicher Hinsicht (dazu Statistik), allgemeine Hinweise auf neue oder Einschärfen bestehender Vorschriften (durch sog. AV: LJM), Einfordern von Berichten und Rechtsgutachten, überhaupt der sog. Dienstweg (Verkehr der Gerichte mit Dienststellen außerhalb);
— alles aber unter Beachtung der richterlichen Unabhängigkeit —.
Ruft jemand die Dienstaufsicht gegen einen Bediensteten an, so geschieht das
a] durch **Aufsichtsbeschwerde,** wenn man sich sachlich gegen eine Amtshandlung wendet mit dem Ziele, ihr einen anderen Inhalt zu verschaffen. Die Aufsichtsbeschwerde kann es also nur dort geben, wo das Verfahrensrecht keinen besonderen Rechtsbehelf vorsieht, und stets nur dort, wo die angerufene Dienstaufsichtsstelle überhaupt in der Lage ist, sachlich einzugreifen, insbesondere der angefochtenen Amtshandlung einen anderen Inhalt zu geben, z. B. eine beantragte Erlaubnis statt zu versagen zu erteilen. Die Aufsichtsbeschwerde kommt deshalb hier hauptsächlich nur bei den S. 51 erwähnten gerichtsähnlichen Tätigkeiten der Justizverwaltung sowie bei Versagung der Erlaubnis zur Berufsausübung als RA, Rechtsbeistand usw. in Betracht;
b] durch **Dienstaufsichtsbeschwerde,** wenn man sich gegen das sonstige Verhalten des Bediensteten oder gegen unwürdige Zustände wendet mit dem Ziele, ein Einschreiten zu veranlassen. Die Dienstaufsichtsbeschwerde gibt es also in Rechtssachen auch gegen Richter, z. B. bei Verzögerungen des Dienstgeschäfts oder bei ungehörigem Benehmen;

III) Errichten von Gütestellen (zu vgl. § 794 Abs. 1 Nr. 1 ZPO), Aufsicht über die Schiedsmänner (zu vgl. S. 69), Aufsicht über die Rechtsbeistände (zu vgl. S. 73f.) usw.;

IV) gewisse gerichtsähnliche Tätigkeiten;
Durch Einzelvorschriften sind der Justizverwaltung gewisse Tätigkeiten übertragen, die der freiwilligen Gerichtsbarkeit nahekommen, sich aber doch von ihr eben durch das Fehlen der richterlichen Besonderheiten unterscheiden.

Es sind das z. B.:

a] Ehelichkeitserklärung (§ 1723 BGB),

b] Befreiung von den Ehehindernissen:
Eheunmündigkeit (britZ § 1 AVO Eheges: Vormundschaftsgericht),
Schwägerschaft (britZ § 3 AVO Eheges: LGPr),
Ehebruch (britZ § 5 AVO Eheges: LGPr).

c] Befreiung der Ausländer von Beibringung des Ehefähigkeitszeugnisses (britZ § 7 AVO Eheges: OLGPr),

d] Gewährung von Einsichtnahme in Streitakten (§ 299 Abs. 3 ZPO),

e] Vermittlung ausländischer Rechtshilfe,

f] Amtsbekräftigung (sog. Legalisation) der Unterschriften deutscher Richter (zu vgl. § 43 prGVG),

g] Hinterlegung (Hinterlegungsordnung vom 10. 3. 1937 RGBl I 285),

h] Gnadenerweise.

An der Rechtsnatur dieser Amtshandlungen als solcher der Justizverwaltung ändert es nichts, daß bei manchen (z. B. Ehelichkeitserklärung, Befreiung vom Ehehindernis des Ehebruchs, Gnadenerweise) die Gerichte vorbereitend tätig werden.

Dritter Teil: Justizpersonen

Erster Hauptabschnitt: Justizbeamte

Erster Abschnitt: Berufsrichter

Der Berufsstand der rechtsgelehrten Richter ist wegen seiner besonderen Aufgaben im Staate aus der allgemeinen Regelung für die Berufsbeamten in gewisser Weise herausgehoben (an Stelle der bisherigen Ausdrucksweise „richterliche Beamte" jetzt üblich: „Beamte und Richter" — so Art. 60, 132 GrdGes).

Die Besonderheiten sind insbesondere folgende:

A] Grundsatz.
Der Zugang zum Richterstand steht ohne Rücksicht auf Rasse, gesellschaftliche Herkunft oder Religion jedem offen, der die

Grundsätze der Demokratie anerkennt (Kontrollratsproklamation Nr. 3 — Grundsätze für die Umgestaltung der Rechtspflege — IV 2 S. 1).

B] Fähigkeit zum Richteramt.

Die (ebenso für den StA, den RA, den Notar, uU. auch den Berufsrichter der Verwaltungsgerichte erforderliche) Fähigkeit zum Richteramt wird erlangt:

I) durch erfolgreiches Zurücklegen eines geordneten Vor- und Ausbildungsganges (§ 2: Justizausbildungsordnung — in der brit. Zone Neufassung vom 15. 1. 1949 VOBlBZ 21):

a] mindestens 3-jähriges Studium der Rechtswissenschaft an einer deutschen Universität, abgeschlossen durch die (in der brit. Zone: am Prüfungsamt bei einem OLG abgelegte) 1. juristische Prüfung,

b] nach Ernennung zum Referendar 3½-jähriger Vorbereitungsdienst bei Gerichten, der StA, einem RA, einem Notar und der Verwaltung, abgeschlossen durch die bei einem Justizprüfungsamt abgelegte „große Staatsprüfung", deren Bestehen zum Führen der Bezeichnung „Assessor" berechtigt (§ 1 Laufbahn-VO vom 16. 5. 1939 RGBl I 917);

II) durch Bekleiden der Stellung als ordentlicher öffentlicher Lehrer *(professor ordinarius publicus)* des Rechts an einer deutschen Universität (§ 4).

Für Mitglieder des BGH ist ein Mindestalter von 35 Jahren vorgeschrieben (§ 125 Abs. 2).

C] Laufbahn und dienstrechtliche Stellung.

Der als Anwärter für das Amt des Richters übernommene Assessor führt als außerplanmäßiger Beamter (Beamter auf Widerruf) die Amtsbezeichnung „Gerichtsassessor" (§§ 2ff. Laufbahn-VO).

Wer als Hilfsrichter (§§ 10 Abs. 2, 70) die Obliegenheiten eines Richters wahrnimmt, ohne daß ihm eine Richterplanstelle verliehen ist, wird als „beauftragter Richter" (= „Richter kraft Auftrags") bezeichnet.

Zum Richter (Eingangsstellen: AGR, LGR) ernennt der LJM, zum Mitglied des BGH (Art. 96 Abs. 2, 95 Abs. 3 GrdGes, § 125 Abs. 1) nach Wahl durch den Richterwahlausschuß (Richterwahlges. vom 25. 8. 1950 BGBl 368) auf Vorschlag des BJM (Anordnung vom 17. 5. 1950 BGBl 209, DurchBest dazu vom 17. 5. 1950 BGBl 209) der BP. Die Ernennung geschieht auf Lebenszeit (§ 6) und grundsätzlich für eine Planstelle bei einem bestimmten Gericht (Gegensatz: sog. „fliegender Richter").

Der Richter ist jetzt wieder Landesbeamter, nur der Richter am BGH ist Bundesbeamter. Die beamtenrechtliche Stellung beruht, solange darüber keine besonderen Gesetze ergangen sind (das z. B. in Art. 98 Abs. 1 GrdGes vorgesehene Gesetz steht noch aus) im allgemeinen Beamtenrecht (DBG vom 26. 1. 1937 RGBl I 1939/Bundesfassung — auf Grund des BPG — BGBl 1950 S. 281).

D] Unabhängigkeit.

Hervorstechendstes Merkmal des Richters ist seine „Unabhängigkeit" (Art. 97 Abs. 1 GrdGes, § 1). Gemeint ist damit: frei von Weisungen der Dienstvorgesetzten, wie er sich im Einzelfall verhalten soll (KontrRProkl Nr. 3 IV 1 S. 1). Der Richter ist „nur dem Gesetz unterworfen" (KontrRProkl Nr. 3 IV 1 S. 2, Art. 97 Abs. 1 GrdGes, § 1). Unter „Gesetz" ist dabei nicht nur geschriebenes Recht zu verstehen (gleich, ob in Form des Gesetzes oder der Rechtsverordnung), sondern auch Gewohnheitsrecht. Aus der Unterwerfung nur unter das Gesetz ergibt sich, daß der Richter zu prüfen hat, ob bei gesetztem Recht alle vorgeschriebenen Voraussetzungen erfüllt sind, also insbesondere bei einem Gesetz gehörige Ausfertigung und Verkündung, bei einer Rechtsverordnung auch gehörige Ermächtigung.

Außer Gesetzen hat der Richter auch die von der Rechtsordnung ausdrücklich mit Gesetzeskraft ausgestatteten Entscheidungen höchster Gerichte zu befolgen. Es sind das (zu vgl. S. 45) die deshalb amtlich veröffentlichten Entscheidungen des Bundesverfassungsgerichts (in gewissen Dingen: Art. 94 Abs. 2 GrdGes, § 31 Abs. 2 BVerfGerGes), früher auch des DOG.

Der Richter hat alles selbst zu entscheiden, nur dann nicht, wenn Einholen der Entscheidung eines GrSen (§ 136) (zu vgl. S. 40), Vorlegen an das Oberste Bundesgericht (Art. 95 GrdGes) oder an das Bundesverfassungsgericht (Art. 100 GrdGes) (zu vgl. S. 43, 44) oder Abgeben an den BGH (§ 121 Abs. 2 GVG, § 28 Abs. 2 FGG) (zu vgl. S. 43) geboten ist.

Bindung an die im Einzelfall erlassene Entscheidung des im Rechtszug übergeordneten Gerichts (nach Zurückverweisung: § 565 Abs. 2 ZPO, § 358 Abs. 1 StPO) läßt die Unabhängigkeit unangetastet.

Das zeigt sich gerade darin, daß der Richter rechtlich nicht gehalten ist, in einem anderen gleichartigen Falle der Rechtsansicht des übergeordneten Gerichts zu folgen. Man wird dann allerdings erwarten, daß er seine abweichende Rechtsauffassung eingehend begründet und von den zur Wahrung der Rechtseinheit vorgesehenen Einrichtungen, insbesondere ausdrücklicher Zulassung eines sonst im Einzelfall nicht statthaften Rechtsmittels (§ 546 Abs. 2 S. 2 ZPO) (zu vgl. S. 42), Gebrauch macht.

E] Unabsetzbarkeit, Unversetzbarkeit.

Um den Richter möglichst sowohl vor Einschüchterung durch Unzufriedene zu schützen wie dem Einfluß der Vorgesetzten zu entziehen, ist er grundsätzlich unabsetzbar und unversetzbar.

Das bedeutet, daß er

I) nur **mit** seinem Willen aus seinem Amt ausscheidet oder ein anderes Amt übernimmt,

II) **gegen** seinen Willen nur (Art. 97 Abs. 2 GrdGes)

a] bei Erreichen der Altersgrenze in den Ruhestand versetzt wird (§ 8 Abs. 1 S. 2, dazu in der brit. Zone VO 30. 3. 1948 VOBlBZ 73);

b] aus den gesetzlich vorgesehenen Gründen und unter den gesetzlich bestimmten Formen kraft richterlicher Entscheidung (insbes. im Dienststrafverfahren)

1) in ein anderes Amt versetzt (Strafversetzung) oder
2) vorzeitig in den Ruhestand versetzt oder
3) dauernd oder zeitweilig seines Amtes enthoben wird (§ 8 Abs. 1 S. 1);

c] bei einer Veränderung in der Einrichtung der Gerichte oder ihrer Bezirke (z. B. Zusammenlegung zweier OLG) durch den LJM an ein anderes Gericht versetzt oder unter Belassung des vollen Gehalts aus dem Amt entfernt werden kann (§ 8 Abs. 3).

F] Dienstbezüge.

Der Richter bezieht feste Besoldung — ohne Gebühren oder -anteile — (§ 7). Der Rechtsweg darf dem Richter zur Durchsetzung seiner Ansprüche auf Dienstbezüge nicht verwehrt werden (§ 9).

G] Ausschluß und Ablehnung.

Ausschluß und Ablehnung des Richters ist in den Verfahrensgesetzen eigens geregelt, und zwar

für den bürgerl. Rechtsstreit in §§ 41ff. ZPO,
für das Strafverfahren in §§ 22ff. StPO,
für Verfahren der freiw. Gerichtsbarkeit in § 6 FGG.

H] Haftung.

Ein wegen schuldhafter Amtspflichtverletzung den Richter treffender Schadenersatzanspruch (§ 839 BGB) ist nach dem Reichsbeamtenhaftungsgesetz vom 22. 5. 1910 (RGBl 798) bzw. Staatsbeamtenhaftungsgesetzen der Länder (in den ehem. preußischen Gebieten: vom 1. 8. 1909/14. 5. 1914 GS 691/117) gegen den Bund bzw. das Land zu richten. Der Fiskus kann sich seinerseits an dem Richter schadlos halten, d. h. das, was er dem Geschädigten als Schadenersatz leistet, vom Richter im Klagewege ersetzt verlangen, wenn das Verhalten des Richters vorsätzlich oder grob fahrlässig war (Art. 34 S. 2 GrdGes, § 23 DBG). Für solchen Rückgriff darf der Rechtsweg nicht verschlossen werden (Art. 34 S. 3 GrdGes).

Bei Urteilen (Gegensatz: Beschlüssen) gibt es einen Schadensersatzanspruch nur, wenn die Pflichtverletzung geradezu strafbar (§§ 334, 336 StGB: Bestechung, Rechtsbeugung) war (§ 839 Abs. 2 BGB).

Die Ersatzpflicht tritt nicht ein, wenn der Geschädigte schuldhaft durch Nichtgebrauchmachen von einem Rechtsbehelf (Rechtsmittel) Schaden abzuwenden unterlassen hat (§ 839 Abs. 3 BGB).

J] Besondere Pflichten.

I) Die **Wählbarkeit** von Richtern zu Vertretungskörperschaften des Bundes, der Länder und der Gemeinden ist (wie bei anderen Beamten) gesetzlich **beschränkbar** (Art. 137 GrdGes).

II) Den besonderen Vorschriften, die die Unabhängigkeit des Richters gewährleisten sollen, entsprechen besondere **Strafvorschriften** für Verstöße gegen die besonderen Pflichten, die gerade das Richteramt auferlegt:

a] Rechtsbeugung (§ 336 StGB), d. h. vorsätzlich rechtswidrige Behandlung einer Rechtssache,

b] (passive) Richterbestechung (§ 334 StGB), d. h. Annahme oder Sichversprechenlassen von Vorteilen für Behandlung einer zu leitenden oder zu entscheidenden Rechtssache zugunsten des Beteiligten oder zuungunsten des Gegners.

III) Bundesrichter (Art. 98 Abs. 2 GrdGes) und dort, wo die Landesverfassungen das vorsehen, auch andere Richter (Art. 98 Abs. 5 GrdGes) können bei Verstößen gegen die Grundsätze des Grundgesetzes oder gegen die verfassungsmäßige Staatsordnung vor dem **Verfassungsgericht** zur Verantwortung gezogen werden (§§ 13 Nr. 9, 58ff. BVerfGerGes).

K] Hilfsrichter.

Läßt sich die Vertretung beurlaubter, erkrankter oder sonst an Ausübung ihres Dienstes verhinderter nicht mit den vorhandenen Kräften regeln oder macht unvorhergesehener Geschäftsandrang vorübergehendes Zuziehen weiterer Kräfte erforderlich, so können Hilfskräfte herangezogen werden. Die Beschäftigung von Hilfskräften ist nur bei Richtern besonders geregelt, da der LJM sonst auf diesem Wege Einfluß auf die Rechtsprechung nehmen könnte. Dabei sind 2 Fragen auseinanderzuhalten:

I) ob die Verwendung anderer als planmäßiger Kräfte verfahrensmäßig zulässig ist, wobei man wieder unterscheiden kann:
   a] die vorübergehende Verwendung planmäßig angestellter Richter außerhalb ihrer Planstelle,
   b] die Beschäftigung von Personen als Richtern, die nicht planmäßig als solche angestellt sind,

II) ob ein Richter trotz seiner grundsätzlichen Unversetzbarkeit einen solchen Beschäftigungsauftrag übernehmen muß oder ihn etwa ablehnen darf.

Bei den Gerichten, die regelmäßig im ersten Rechtsgang tätig werden (AG, LG), ist die Beschäftigung von Hilfsrichtern erleichtert: jede zum Richteramt befähigte Person kann Hilfsrichter sein (§ 10 Abs. 2), nach landesrechtlicher Vorschrift auch ein Gerichtsreferendar unter bestimmten Voraussetzungen (§ 10 Abs. 1). Beim OLG (§ 118) darf aber nur ein anderswo lebenslänglich angestellter Richter zum Hilfsrichter berufen werden (das kann landesrechtlich auch für LG vorgeschrieben werden § 70 Abs. 3).

Die Pflicht eines planmäßig angestellten Richters zur Übernahme eines Beschäftigungsauftrags als Hilfsrichter an einem anderen Gericht desselben OLG-Bezirks ist für eine Übergangszeit (bis 31. 12. 1951) ausgesprochen in Art. 8 Nr. 92 des Wiedervereinheitlichungsgesetzes.

Zweiter Abschnitt: Staatsanwalt, Amtsanwalt

Die StA beim LG, OLG und BGH ist mit StA, die beim AG ist mit StA oder AA besetzt.

Der StA ist kein richterlicher Beamter (§ 148 Abs. 1; § 9 VO vom 20. 3. 1935 RGBl I 403), d. h. er ist Beamter ohne die Besonderheiten des Richters, also weisungsgebunden, versetzbar, absetzbar. Er muß aber zum Richteramt befähigt sein (§ 148 Abs. 2). AA dagegen kann auch jemand ohne Richterbefähigung sein.

Die Laufbahn-VO vom 16. 5. 1939 (RGBl I 917) gilt auch für den StA.

Der StA wird vom LJM ernannt, der OBA und die Bundesanwälte vom Bundespräsidenten auf Vorschlag des BJM, der der Zustimmung des Bundesrats bedarf (§ 149).

Der StA ist jetzt wieder Landesbeamter, nur der OBA und die Bundesanwälte sind Bundesbeamte.

Ausschluß oder Ablehnung eines StA gibt es nicht.

Für Amtspflichtverletzung des StA haftet der Staat. Die Richter-Besonderheiten gelten hier nicht.

Hilfs-StA sind zum Richteramt befähigte Personen, die, ohne als StA planmäßig angestellt zu sein, mit staatsanwaltschaftlichen Aufgaben betraut sind. Man nennt sie jetzt meist „beauftragter StA" (= „StA kraft Auftrags"). Etwas ganz anderes sind die sog. „Hilfsbeamten der StA": Beamte anderer Dienststellen, die bei der Ermittlung von Straftaten eingesetzt sind (§ 152) (zu vgl. S. 48).

Dritter Abschnitt: Rechtspfleger

Der mit der Wahrnehmung einfacherer (im Gesetz aufgezählter) richterlicher oder staatsanwaltlicher Geschäfte betraute nichtrichterliche Beamte heißt „Rechtspfleger" (§ 10 Abs. 3). Diese sog. „Entlastung" beruht auf der Ermächtigung im Reichsgesetz vom 11. 3. 1921 (RGBl 229) und ist jetzt einheitlich geregelt in der REntV vom 3. 7. 1943 (DJ 339). Die Entlastung ist teils durch die REntV allgemein, teils vom OLGPr für ein bestimmtes AG in weiterem Umfang angeordnet (§ 2 REntV).

Die Fähigkeit als Rechtspfleger haben Beamte des gehobenen Justizdienstes (Justizinspektor, -oberinspektor, -amtmann) (§ 1 Abs. 1 REntV).

Vor- und Ausbildung sowie Dienstverhältnisse der Beamten des gehobenen Justizdienstes regelt die LJVerw (die Rechtspflegerausbildungsordnung vom 26. 2. 1941 DJ 282 ist jetzt in manchen

Ländern durch Landesrecht ersetzt, z. B. in Nordrhein-Westfalen durch die Rechtspflegerausbildungsordnung vom 3. 9. 1950 JMBl NRW 202). Der Rechtspfleger ist Landesbeamter.

Der Rechtspfleger ist in Rechtsfragen gebunden an die Rechtsauffassung des Richters oder StA, zu dessen Entlastung er eingesetzt ist (§ 3 Abs. 2, § 9 Abs. 1 Buchst. a REntV).

Für Ausschluß und Ablehnung des Rechtspflegers sind, auch soweit er richterliche Aufgaben wahrnimmt, die Vorschriften der Verfahrensgesetze über den UdG maßgebend.

Vierter Abschnitt: Urkundsbeamter

Die von den „Urkundsbeamten der Geschäftsstelle" wahrzunehmenden Geschäfte, wozu außer den in den Verfahrensgesetzen ausdrücklich erwähnten auch allgemein die beurkundende Tätigkeit (als Schriftführer bei Gerichtsverhandlungen, Aufnahme von Erklärungen zur Niederschrift, Ausfertigung und Beglaubigung von Schriftstücken) sowie die Aktenbehandlung gehört, werden von Beamten des gehobenen (Justizinspektor usw.) oder des mittleren (Justizassistent, -sekretär, -obersekretär) oder von Justizangestellten versehen.

Deren Vor- und Ausbildung sowie Dienstverhältnisse regelt ebenfalls die Justizverwaltung (in der brit. Zone: z. B. Ausbildungsordnung für den mittleren Justizdienst vom 27. 9. 1948 VOBlBZ 293).

Im bürgerlichen Rechtsstreit gibt es beim AG für die arme Partei die Beiordnung eines Justizbeamten als Verfahrensbevollmächtigten (§ 116 ZPO).

Ausschluß und Ablehnung ist in den einzelnen Verfahrensgesetzen verschieden geordnet, und zwar für den bürgerlichen Rechtsstreit in § 49 ZPO, für das Strafverfahren in § 31 StPO, für Verfahren der freiwilligen Gerichtsbarkeit in § 9 FGG, Art. 2 prFGG, § 4 Abs. 4 AusfVOGBO.

Für Amtspflichtverletzung des UdG haftet der Staat, auch wenn er dienstrechtlich Angestellter ist, da es für die Haftungsvorschriften nicht auf die Art des Dienstverhältnisses ankommt (Art. 34 GrdGes).

Fünfter Abschnitt: Gerichtsvollzieher

Gerichtsvollzieher gibt es nur beim AG. Sie sind Beamte, deren Dienst- und Geschäftsverhältnisse die Justizverwaltung regelt (§ 154). Eine einheitliche reichs- oder bundesrechtliche Regelung gibt es nicht. Im ehem. preußischen Gebiet gilt die Gerichtsvollzieherordnung vom 31. 3. 1900 (prJMBl 345). Einige Länder haben Ausbildungsordnungen erlassen (so AV 22. 1. 1951 JMBl NRW 37).

Zur vorläufig unentgeltlichen Erledigung von Zustellungen und Vollstreckungshandlungen gibt es die Beiordnung eines GerVollz im Armenrecht (§ 115 Abs. 1 Nr. 3 ZPO).

Der Ausschluß eines GerVollz von Amtshandlungen ist einheitlich in § 155 geordnet. Abgelehnt werden kann ein GerVollz nicht.

Für Amtspflichtverletzung des GerVollz haftet, da er (anders als z. B. der Notar) nicht ausschließlich auf Bezug von Gebühren angewiesen ist, der Staat.

Sechster Abschnitt: Justizwachtmeister

Den Dienst als Justizwachtmeister versehen Beamte des unteren Dienstes oder Angestellte. Die Dienstverhältnisse regelt die Justizverwaltung.

Für Amtspflichtverletzung des Justizwachtmeisters, auch wenn er nicht Beamter im dienstrechtlichen Sinn ist, haftet der Staat.

Zweiter Hauptabschnitt: Laienrichter

Neben den Berufsrichtern wirken in der Rechtspflege als Richter auch Laien mit, und zwar sowohl in der Straf- wie in der bürgerlichen Rechtspflege (streitige und freiwillige Gerichtsbarkeit) (die Laienbeisitzer der Arbeitsgerichtsbehörden — Art. V KontrRGes Nr. 21 — sind hier nicht zu behandeln). Ihre Rechtsstellung ist nicht einheitlich, so daß sie getrennt erörtert werden muß.

Die ähnliche, davon aber doch zu unterscheidende Einrichtung des Schiedsrichters (§§ 1025ff. ZPO) gehört, da außerhalb der staatlichen Gerichtsbarkeit stehend, nicht hierhin.

Erster Abschnitt: Handelsrichter

Der als Beisitzer in der KfHs mitwirkende HR ist ehrenamtlicher Beamter mit den Rechten und Pflichten eines Richters (§§ 107 Abs. 1, 112). Die Gleichstellung mit den Berufsrichtern geht soweit, daß auch der HR im Dienst die Amtstracht trägt und ihm nach einer Reihe von Dienstjahren der Titel „Handelsgerichtsrat" verliehen werden kann.

Als Ehrenbeamter bezieht der HR kein Gehalt. Er erhält aber Ersatz der Fahrtkosten und als auswärtiger auch Tage- und Übernachtungsgeld wie ein Berufsbeamter (§ 107 Abs. 2—3).

Fähig zum Amt des HR ist (§ 109), wer

1) als Vollkaufmann oder Vorstandsmitglied eines Handelsunternehmens (insbes. Vorstand einer Aktiengesellschaft; Geschäftsführer einer GmbH) im Handelsregister eingetragen ist oder war,
2) deutscher Staatsangehöriger ist und
3) das 30. Lebensjahr vollendet hat.

Die IHK schlägt geeignete Personen vor. Die LJVerw ernennt den HR auf 3 Jahre (§ 108). Verliert er nachträglich eine erforderliche Eigenschaft (z. B. deutsche Staatsangehörigkeit), so wird er durch den 1. Zivilsenat des OLG seines Amtes enthoben (§ 113).

Zweiter Abschnitt: Beisitzer in der freiwilligen Gerichtsbarkeit

In einzelnen Verfahrensarten der freiwilligen Gerichtsbarkeit ist die Mitwirkung fachkundiger Beisitzer vorgeschrieben, und zwar

A] bei der Vertragshilfe

I) zur Abwicklung von Lieferverträgen (Grundlage: VO vom 20. 4. 1940 RGBl I 671),

II) in Energiewirtschaftssachen (Grundlage: VO vom 1. 4. 1940 RGBl I 577),

und zwar sowohl im ersten Rechtsgang beim LG

I) Liefersachen: 1 Berufsrichter, 2 Beisitzer,

II) Energiewirtschaftssachen: 2 Berufsrichter, 1 Beisitzer,

wie im Beschwerderechtsgang beim OLG: 3 Berufsrichter und 2 Beisitzer (dazu in der brit. Zone: VO vom 21. 9. 1948 VOBlBZ 286);

B] in Landwirtschaftssachen (in der brit. Zone: § 6 LVO vom 2. 12. 1947 VOBlBZ 157, §§ 7f. LVR vom 15. 10. 1948 VOBlBZ 313)

im ersten Rechtsgang beim AG: Landwirtschaftsrichter,

im zweiten Rechtsgang beim OLG: Oberlandwirtschaftsrichter,

im dritten Rechtsgang beim BGH: Oberste Landwirtschaftsrichter.

Dritter Abschnitt: Schöffen

Das Amt des Schöffen ist ein Ehrenamt (§ 31 S. 1). Voraussetzung ist die Bundesangehörigkeit (§ 31 S. 2).

A] Amtsfähigkeit.

I) Unfähigkeit.

Schöffe darf nicht sein (§ 32), wer

a] die Befähigung infolge strafgerichtlicher Verurteilung verloren hat (zu vgl. §§ 32ff., 35 StGB) oder wegen eines Verbrechens oder vorsätzlichen Vergehens zu mehr als 6 Monaten Freiheitsstrafe verurteilt ist,

b] eines Verbrechens oder Vergehens beschuldigt ist, bei dem auf Ehrverlust (§ 32 StGB) oder Verlust der Fähigkeit zur Bekleidung öffentlicher Ämter (§ 35 StGB) erkannt werden kann — also z. B. Untreue (§ 266 StGB) —, wenn das Ermittlungsverfahren schwebt,

c] wer infolge gerichtlicher Anordnung in der Verfügung über sein Vermögen beschränkt ist (z. B. durch Konkurseröffnung § 6 KO).

II) Hinderungsgründe.

Als Schöffe soll nicht berufen werden

a] aus persönlichen Gründen (§ 33),

1) wer noch nicht 30 oder über 65 Jahre alt ist,

2) wer noch nicht 1 volles Jahr in der Gemeinde wohnt,

3) wer durch geistige oder körperliche Gebrechen ungeeignet ist,

b] aus beruflichen Gründen (§ 34),

1) der Bundespräsident, das Staatsoberhaupt eines deutschen Landes, ferner wer Mitglied der Bundesregierung oder einer Landesregierung (z. B. Minister) ist,

2) wer als Beamter jederzeit einstweilen in den Ruhestand versetzt werden kann, d. h. die sog. politischen Beamten (z. B. Ministerialdirektor),

3) wer Richter, Beamter der Staatsanwaltschaft, Notar oder RA ist,

4) wer gerichtlicher (z. B. Gerichtsvollzieher) oder polizeilicher Vollstreckungsbeamter ist,

5) wer Geistlicher oder als Mitglied einer religiösen Vereinigung satzungsgemäß zu gemeinsamem Leben verpflichtet ist (z. B. Mönch),

Landesrechtlich können außerdem höhere Verwaltungsbeamte bezeichnet werden, die nicht als Schöffen berufen werden sollen.

III) Ablehnungsgründe.

Die Berufung als Schöffe ablehnen darf (§ 35),

a] ein Bundestags- oder Landtagsabgeordneter, ein Bundesratsmitglied, ein Mitglied einer zweiten Kammer eines deutschen Landes,

b] wer im letzten Geschäftsjahr das Amt als Geschworener oder (an wenigstens 10 Sitzungstagen) als Schöffe erfüllt hat,

c] ein Arzt, ein Krankenpfleger, eine Hebamme,

d] ein Apotheker, der keinen Gehilfen hat,

e] wer über 65 Jahre alt ist,

f] eine Frau, die glaubhaft macht, daß ihre Hausfrauenpflicht ihr die Amtsausübung besonders erschwert.

B] Auslese.

I) Gemeinden.

a] Aufstellung der Vorschlagslisten.

In jedem zweiten Jahre stellt die Gemeindevertretung eine Vorschlagsliste auf (§ 36 Abs. 2).

b] Zahl.

Die Zahl der in die Vorschlagsliste aufzunehmenden Personen ist nach der Einwohnerzahl abgestuft: bei Gemeinden von 500 Einwohnern oder weniger 5 Personen, sonst 6, im übrigen für je 200 Einwohner 1 Person (§ 36 Abs. 3).

c] Auslegen.

Die Vorschlagsliste ist in der Gemeinde 1 Woche lang so auszulegen, daß jedermann Kenntnis davon nehmen kann (§ 36 Abs. 2).

d] Einsprache.

Glaubt jemand, daß in die Vorschlagsliste eine Person aufgenommen sei, die es nicht dürfe (§ 32) oder solle (§§ 33, 34), so kann er dagegen binnen 1 Woche Einsprache erheben (§ 37).

e] Bemerkungen zu Einsprachen.

Der Gemeindevorsteher kann, was ihm erforderlich erscheint, zu den Einsprachen bemerken (§ 38 Abs. 1).

f] Übersendung.

Die Vorschlagsliste samt etwaigen Einsprachen und Bemerkungen sendet der Gemeindevorsteher an den AR (§ 38 Abs. 1).

II) Ausschuß.

a] Zusammensetzung (§ 40).

Bei jedem AG, bei dem ein SchG zu bilden ist (zu vgl. § 58), tritt in jedem zweiten Jahre ein Ausschuß zusammen. Dieser besteht aus

1) dem AR als Vorsitzer,
2) einem von der Landesregierung bestimmten Verwaltungsbeamten,
3) 7 von den Gemeinde- bzw. Kreisvertretungen gewählten Vertrauenspersonen.

Beschlußfähig ist der Ausschuß bei Anwesenheit von wenigstens 5 Personen, darunter dem AR und dem Verwaltungsbeamten. Zur Beschlußfassung genügt einfache Stimmenmehrheit; bei Stimmengleichheit gibt die des Vorsitzers den Ausschlag. Eine Vertrauensperson, die ohne genügende Entschuldigung ausbleibt, hat eine Ordnungsstrafe zu gewärtigen (§ 56).

b] Befugnis.

1) Der Ausschuß entscheidet unanfechtbar über Einsprachen gegen die Vorschlagslisten (§ 41), die der AR vorgeprüft hat (§ 39).
2) Der Ausschuß wählt aus den berichtigten Vorschlagslisten, die der AR zusammengestellt hat (§ 39), für die nächsten 2 Geschäftsjahre die Hauptschöffen und die Hilfsschöffen (§ 42) in der Zahl, die der AGPr bzw. LGPr (§§ 43, 58 Abs. 2) bestimmt hat.

III) Amtsrichter.

a] Aufstellung der Schöffenliste.

Die Namen der von dem Ausschuß gewählten Schöffen nimmt der AR in die Schöffenliste auf (§ 44).

b] Auslosung.
Sind die Tage der ordentlichen Sitzungen des SchG für das ganze Jahr im voraus festgestellt, so lost der AR in öffentlicher Sitzung des AG aus einer Urne die Reihenfolge, in der die Hauptschöffen mitwirken sollen, aus, worüber eine Niederschrift aufgenommen wird (§ 45).

c] Benachrichtigung.
Der AR benachrichtigt jeden einzelnen Schöffen davon, zu welchen Sitzungen er ihn ausgelost hat, und weist ihn auf seine gesetzlichen Pflichten hin (§ 46).

d] Tausch.
Ein Auswechseln der Reihenfolge ist auf übereinstimmenden Antrag der beteiligten Schöffen nur solange zulässig, als für die Sitzungstage die zu verhandelnden Strafsachen noch nicht anberaumt sind; ein solcher Tausch bedarf der Bewilligung des AR; Antrag und Bewilligung werden aktenkundig gemacht (§ 47).

e] Außerordentliche Sitzungen.
Werden im Laufe des Jahres außerordentliche Sitzungen des SchG erforderlich, so findet eine Nachauslosung statt, bei aktenkundig zu machender Dringlichkeit aus den am Gerichtssitz wohnenden Hilfsschöffen (§ 48).

f] Heranziehung der Hilfsschöffen.
Fällt ein Hauptschöffe aus irgendwelchen Gründen aus, bevor seine Mitwirkung in der einzelnen Sitzung begonnen hat, so tritt an seine Stelle ein Hilfsschöffe, im Eilfall der nächste am Gerichtssitz wohnende (§ 49).
Ergänzungsschöffe ist, wer bei Verhandlungen von voraussichtlich längerer Dauer von vornherein für den Fall zugezogen ist, daß ein Schöffe während der Verhandlung ausfällt (§ 192 Abs. 2—3); als Ergänzungsschöffen nimmt man Hilfsschöffen.

C] Ausübung des Amtes.

I) Eid.
Bei seiner ersten Dienstleistung schwört der Schöffe in öffentlicher Sitzung den Amtseid, worüber eine Niederschrift aufgenommen wird (§ 51).

II) Unfähigwerden usw.
Tritt die Unfähigkeit (§ 32) einer in die Jahresliste aufgenommenen Person zum Schöffenamt erst im Laufe des

Jahres ein oder wird das dann erst bekannt, so wird der Name in der Liste gestrichen (§ 52 Abs. 1). Entsprechend ist der Schöffe bei nachträglich eintretenden oder bekanntwerdenden Hinderungsgründen (§§ 33, 34) zu Dienstleistungen nicht mehr heranzuziehen (§ 52 Abs. 2).
Diese Entscheidungen trifft der AR nach Anhörung des Schöffen und der StA unanfechtbar (§ 52 Abs. 3—4).

III) Amtsablehnung.
Innerhalb einer Woche nach Kenntnis von seiner Auslosung (§ 46) kann der Schöffe das Amt unter Angabe des Grundes ablehnen, bei später eingetretenen oder bekanntwerdenden Gründen 1 Woche von da ab. Der AR entscheidet über das Gesuch nach Anhörung der StA unanfechtbar (§ 53).

IV) Befreiung.
Ist der Schöffe an der Dienstleistung in einer einzelnen Sitzung verhindert, so kann der AR ihn davon befreien, notfalls unter der Bedingung, daß ein anderer Schöffe für ihn eintritt. Antrag und Bewilligung werden aktenkundig gemacht (§ 54).

V) Ausbleiben usw.
Ein Schöffe, der ohne genügende Entschuldigung ausbleibt, sich verspätet oder sich sonst dem Amt entzieht, wird vom AR nach Anhörung der StA zu einer Ordnungsstrafe in Geld und in die durch sein Verhalten verursachten Kosten verurteilt. Wird die Entschuldigung später nachgeholt, kann die Verurteilung ganz oder teilweise zurückgenommen werden. Die Entscheidung unterliegt der Beschwerde (Frist: 1 Woche) nach der StPO (§ 56).

VI) Ausschluß und Ablehnung im Einzelfall.
Die Gründe für Ausschluß und Ablehnung eines Richters in einer einzelnen Rechtssache (§§ 22ff. StPO) gelten auch für Schöffen. Die Entscheidung liegt beim Vorsitzer des SchG (§ 31 Abs. 1—2 StPO).

VII) Entschädigung.
Damit jeder das Ehrenamt ohne wirtschaftliche Nachteile ausüben kann, hat der Schöffe Anspruch auf Entschädigung für Verdienstausfall, für Fahrkosten und für Dienstaufwand (Zehrgeld) nach Maßgabe einer allgemeinen Anordnung des BJM (§ 55).

Für die Schöffen der StrK gilt das Gesagte entsprechend mit der aus § 77 ersichtlichen Maßgabe.

Vierter Abschnitt: Geschworene

Für den Geschworenen gilt das für Schöffen Gesagte entsprechend (§ 84). Die Obliegenheiten des AR außerhalb der Sitzung von der Auslosung ab sind im allgemeinen Sache des LGPr (§§ 85ff.). Über Ausschluß und Ablehnung entscheiden die richterlichen Mitglieder des SchwG (§ 32 StPO). Ist jemand für dasselbe Geschäftsjahr zugleich als Schöffe und als Geschworener bestimmt worden, so hat er das Amt zu übernehmen, zu dem er zuerst einberufen wird (§ 90).

Dritter Hauptabschnitt: Amtsträger

Erster Abschnitt: Notar

A] Berufsstand.

Der Notar ist, wenngleich durchweg kein Beamter, so doch Amtsträger im Bereich der vorsorgenden Rechtspflege mit der Hauptaufgabe der Beurkundung. Seine Rechtsstellung ist in der Reichsnotarordnung vom 13. 2. 1937 (RGBl I 191) geregelt. Die Notare eines OLG-Bezirks sind zusammengefaßt in der Notarkammer (§§ 44ff. RNotO).

B] Bestallung.

Als Notar tätig werden darf nur, wer vom LJM dazu bestellt worden ist.

I) Bestallungsgrundsätze.

a] Vor- und Ausbildung.

Fähigkeit zum Richteramt und, falls der Bewerber nicht bisher Beamter war oder RA ist, Ableistung des Notarvorbereitungsdienstes (als Notarassessor).

b] Bedarf.

Wieviele Notare für eine geordnete Rechtspflege erforderlich sind, bestimmt die Justizverwaltung (§ 6 RNotO).

c] Ortsbeschränkung.

Als Amtssitz wird dem Notar bei der Bestellung ein bestimmter Ort zugewiesen (§ 11 RNotO). Amtsbezirk ist der OLG-bezirk (§ 12 RNotO). Amtshandlungen, die er außerhalb seines Amtsbezirks vornimmt, brauchen deswegen nicht ungültig zu sein (§ 12 Abs. 3 RNotO); der Notar kann aber, wenn die Nichtbeachtung der Grenzen seines Amtsbezirks nicht besonders begründet ist, dienstrechtlich zur Verantwortung gezogen werden.

II) Art der Bestellung.

Der Notar wird bestellt entweder

a] hauptberuflich und auf Lebenszeit (sog. Nurnotar), zwar in § 7 RNotO als Regel gedacht, praktisch bisher aber fast nur im Rheinland, oder

b] nebenberuflich und für die Dauer der Zulassung als RA (sog. Anwaltsnotar) (§ 8 RNotO),
so durchweg in Norddeutschland auch heute noch.

C] Stellung.

Die Doppelstellung des Notars einerseits als Amtsträger, anderseits als Vertrauensperson des Rechtsuchenden, bringt Rechtsbeziehungen in verschiedener Richtung mit sich.

Als Amtsträger

I) wird der Notar im hoheitlichen Bereich tätig,

II) hat der Notar deshalb eine gewisse Treupflicht gegen den Staat (ohne unter das allgemeine Beamtenrecht zu fallen),

III) untersteht der Notar in seiner Amtsführung der Dienstaufsicht der Justizverwaltung, die zunächst der LGPr ausübt (§§ 66, 67 RNotO),

IV) ist der Notar Dienststrafverfahren unterworfen, und zwar im wesentlichen gleichgestellt mit den Richtern (§§ 68—74 RNotO, § 3 ÄnduErgVO vom 1. 3. 1943 RGBl I 126),

V) kann der Notar nach Vollendung des 65. Lebensjahres vom LJM in den Ruhestand versetzt werden, wobei ihm und seinen Hinterbliebenen eine Versorgung gewährt werden kann (§ 2 ÄnduErgVO vom 1. 3. 1943 RGBl I 126).

Wegen seines Einbaues in die Rechtspflege hat der Notar, ohne deshalb Beamter zu sein, gewisse öffentlich-rechtliche Rechte und Pflichten.

D] Rechte.

I) Die Aufgaben des Notars sind in der RNotO festgelegt. In einzelnen Verfahrensgesetzen, namentlich der freiwilligen Gerichtsbarkeit, ist ihm eine besondere Vertrauensstellung eingeräumt (z. B. §§ 15, 80 GBO).

II) Vergütung.

Der Anspruch auf Vergütung gegen den an dem Amtsgeschäft Beteiligten ist unter Ausschluß von Vereinbarungen (§ 143 KostO) gesetzlich in der Kostenordnung geregelt (und zwar durchweg gleichlaufend mit den Gerichtskosten). Der Notar stellt eine Kostenberechnung auf. Über Beschwerden dagegen befindet das LG (§ 156 Abs. 1 KostO); gegen die Entscheidung des LG gibt es bei gewissen Voraussetzungen fristgebundene weitere Beschwerde an das OLG (§ 156 Abs. 2 KostO). Die vom Notar mit der Vollstreckungsklausel versehene Ausfertigung der Kostenberechnung bildet einen Vollstreckungstitel, aus welchem der Notar nach den Vorschriften der ZPO die Zwangsvollstreckung betreiben kann (§ 155 KostO).

E] Pflichten.

Der Notar

I) hat die Standesehre zu wahren,

II) hat seinen Dauerwohnsitz an seinem Amtssitz zu nehmen,

III) hat bei längerer Verhinderung einen (zum Richteramt fähigen) Vertreter zu bestellen,

IV) darf eine ihm angesonnene Urkundstätigkeit nur bei ausreichendem Grund (sonstige Amtstätigkeit beliebig) ablehnen (§ 16 RNotO),

V) hat einem mittellosen Beteiligten, bei dem die Voraussetzungen des Armenrechts (§ 114 ZPO) vorliegen, die Urkundstätigkeit (nicht auch sonstige) vorläufig gebührenfrei zu leisten (§ 18 Abs. 2 RNotO), ohne sich deswegen an die Staatskasse halten zu können,

VI) hat über ihm anvertraute Dinge Verschwiegenheit zu wahren (§ 19 RNotO) (zu vgl. Aussageweigerungsrecht nach §§ 383 Abs. 1 Nr. 5, 385 Abs. 2 ZPO) (Befreiung durch die Beteiligten, nur ersatzweise oder bei Zweifeln durch die Aufsichtsbehörde).

F] Unzulässigkeit der Amtsausübung.

I) Allgemeines.
Der Notar hat im Einzelfall seine Mitwirkung zu versagen, wenn die Amtstätigkeit mit seinen Amtspflichten unvereinbar wäre (§ 15 Abs. 2 RNotO) (z. B. bei erkennbar unlauteren Geschäften).

II) Ausschließung und Befangenheit.
Von einer Urkundstätigkeit ist der Notar (ähnlich wie ein Richter) kraft Gesetzes ausgeschlossen, wenn er persönlich

oder ein ihm Nahestehender an dem Geschäft sachlich beteiligt ist (§ 17 Abs. 1 RNotO).

Verstößt der Notar lediglich hiergegen, kann das Amtsgeschäft trotzdem gültig sein (§ 17 Abs. 2 RNotO). Für Beurkundung von Rechtsgeschäften (im Sinne des BGB) sind aber daneben die Ausschließungsvorschriften in §§ 170f. FGG zu beachten, deren Verletzung Nichtigkeit der Beurkundung bewirkt (§ 17 Abs. 2 RNotO).

Der Notar kann sich im Einzelfall der Amtsausübung wegen Befangenheit enthalten. War er früher für einen der mehreren an einer Angelegenheit Beteiligten als RA tätig, so soll er, bevor er als Notar eine Urkundstätigkeit ausübt, die Anwesenden fragen, ob sie seiner Mitwirkung widersprechen (§ 17 Abs. 3 RNotO).

G] Haftung.

Bei schuldhafter Verletzung der ihm einem anderen gegenüber obliegenden Amtspflicht haftet der Notar als Amtsträger kraft Gesetzes (Vertragshaftung scheidet hier aus) auf Schadenersatz (§ 21 RNotO). Da der Notar als Amtsträger auf Gebühren angewiesen ist, tritt für ihn nicht der Staat ein. Die Klage ist also gegen ihn persönlich zu richten.

Bei Urkundstätigkeit haftet der Notar für Fahrlässigkeit (in entsprechender Anwendung des § 839 Abs. 1 S. 2 BGB) nur in zweiter Reihe (d. h. wenn der Geschädigte auf andere Weise keinen Ersatz erlangen kann), bei sonstigen Amtshandlungen dagegen dem Auftraggeber in erster Reihe.

Zweiter Abschnitt: Schiedsmann

Das Amt des Schiedsmannes ist in den früher preußischen Gebietsteilen die auf gesetzlicher Grundlage beruhende Einrichtung zu Sühneverhandlungen über streitige Rechtsangelegenheiten, geregelt in der Schiedsmannsordnung (Bekm. der Neufassung vom 3. 12. 1924 GS 751, geändert durch Ges. vom 25. 11. 1926 GS 307 und Kap. VIII VO vom 14. 3. 1932 GS 123); dazu ist eine Ausführungsverfügung (als gemeinschaftliche Verfügung des JM und des MdI), die die Bestellung und Geschäftseinrichtung ordnet, ergangen, sowie eine (vom JM erlassene) Geschäftsanweisung (vom 13. 1. 1925 prJMBl 63), die (ähnlich wie für GerVollz deren Geschäftsanweisung) alle Verfahrensvorschriften zusammenstellt.

Das Amt des Schiedsmannes ist ein Ehrenamt. Sein Bezirk umfaßt gewöhnlich eine Gemeinde. Er wird von der Gemeindevertretung gewählt und bedarf der Bestätigung durch das Präsidium des LG. Seine Amtsführung unterliegt der Dienstaufsicht durch die Justizverwaltung (zunächst dem Aufsichtsrichter des AG).

Seine Aufgaben sind im wesentlichen:

I) Sühneverhandlung in Strafsachen.

Bei gewissen Straftaten (Hausfriedensbruch § 123 StGB, Beleidigung §§ 185—187 StGB, leichter vorsätzlicher und fahrlässiger Körperverletzung §§ 223, 230 StGB, Bedrohung § 241 StGB, Geheimnisverletzung § 299 StGB, Sachbeschädigung § 303 StGB) ist die Privatklage erst nach erfolglosem Sühneversuch vor einer „Vergleichsbehörde" zulässig (§ 380 StPO). Dazu ist der Schiedsmann für zuständig erklärt. Er soll eine gütliche Beilegung versuchen. Gelingt diese (z. B. Rücknahme der Beleidigung u. U. in Zeitungsanzeige, Zahlung einer Buße an eine Wohltätigkeitseinrichtung), so nimmt der Schiedsmann darüber eine Niederschrift auf. Bleibt der Beschuldigte im Sühnetermin aus oder ist der Sühneversuch erfolglos, so setzt der Schiedsmann darüber einen Vermerk in sein Protokollbuch und erteilt dem Antragsteller eine Ausfertigung daraus zwecks Vorlage als Bescheinigung bei Gericht.

II) Sühneverhandlung in bürgerlichen Streitigkeiten.

In vermögensrechtlichen Streitigkeiten (also nicht in Ehe-Kindschafts-, Namens- und Entmündigungssachen) kann der Schiedsmann auf Antrag einer Partei eine Sühneverhandlung anberaumen mit dem Ziel gütlicher Beilegung (nicht Schlichtung im Sinne einer freien Entscheidung, erst recht nicht Entscheidung nach sachlichem Recht). Er ist damit als Gütestelle im Sinne des § 794 Abs. 1 Nr. 1 ZPO anzusehen. Hiervon wird wenig Gebrauch gemacht.

III) Bescheinigungen und Beglaubigungen.

Wo in einzelnen Gesetzen die zur Führung eines öffentlichen Siegels berechtigten Personen für befugt erklärt sind, gewisse Bescheinigungen auszustellen oder Beglaubigungen vorzunehmen (z. B. sog. Lebensbescheinigung zum Bezug von Renten aus der Sozialversicherung — zu vgl. §§ 727, 988, 1160, 1299 RVO), ist dazu auch der Schiedsmann berufen.

Im übrigen hat er weder Verträge, Anerkenntnisse, Vollmachten oder dergl. zu beurkunden noch Unterschriften zu beglaubigen oder Bescheinigungen auszustellen.

Vierter Hauptabschnitt: Rechtsberater

Erster Abschnitt: Rechtsanwalt

A] Berufsstand.

Die RA üben kein Gewerbe aus, sondern bilden einen in der Rechtsanwaltsordnung (für die brit. Zone: Fassung vom 10. 3. 1949 VOBlBZ 80) geordneten gehobenen Berufsstand mit der Aufgabe, Rechtsuchende zu beraten und vor Gerichten und Behörden zu vertreten. Sie sind in jedem OLG-Bezirk zusammengefaßt zur Rechtsanwaltskammer (mit aus dem Berufskreis gewähltem Vorstand, dessen Vorsitzer als „Präsident der Rechtsanwaltskammer" bezeichnet wird).

B] Zulassung.

Als RA tätig werden darf nur, wer von der Landesjustizverwaltung zu dem Beruf zugelassen worden ist.
Zulassungsgrundsätze:

a] Vor- und Ausbildung.
Fähigkeit zum Richteramt und Ableistung des Anwaltsvorbereitungsdienstes (als Anwaltsassessor).

b] Ortsbeschränkung.
Der RA wird bei einem bestimmten Gericht zugelassen. Der beim AG zugelassene RA wird zugleich („Simultananwalt") beim übergeordneten LG zugelassen. Die Zulassung bei einem bestimmten Gericht wirkt sich einengend nur aus für das Auftreten als Streitbevollmächtigter der Partei im Rechtsstreit vor den Kollegialgerichten (LG, OLG, BGH) (§ 78 ZPO). Im übrigen, also z. B. als Streitbevollmächtigter der Partei im amtsgerichtlichen Rechtsstreit, als Verfahrensbevollmächtigter in der freiwilligen Gerichtsbarkeit, als Verteidiger des Angeklagten oder Vertreter des Privatklägers oder des Nebenklägers im Strafverfahren kann der RA vor jedem deutschen Gericht auftreten.

c] Versagungsgründe.
Die Zulassung muß (RAnwO brtZ § 15) und kann (RAnwO

brit. Z. § 16) nur aus bestimmten, meist in der Person des Bewerbers liegenden Gründen versagt werden (sog. freie Anwaltschaft im Gegensatz zum sog. *numerus clausus:* Zulassung nur bei von der Justizverwaltung bejahtem Bedarf).

C] Stellung.

Wegen des Einbaues seines Berufsstandes in die Rechtspflege hat der RA, ohne deshalb Beamter zu sein, gewisse öffentlichrechtliche Rechte und Pflichten.

D] Rechte.

I) In den einzelnen Verfahrensgesetzen ist die Aufgabe des RA umrissen; dabei ist ihm gegenüber anderen Bevollmächtigten des Rechtsuchenden eine besondere Vertrauensstellung eingeräumt.

II) Vergütung.

Der Anspruch auf Vergütung gegen den Auftraggeber wird, obwohl auf einem bürgerlich-rechtlichen Geschäftsbesorgungsvertrag (§ 675 BGB) beruhend, insofern besonders behandelt, als er gesetzlich (in der Rechtsanwaltsgebührenordnung vom 7. 7. 1879, Neufassung vom 5. 7. 1927 RGBl I 162) geordnet ist und im Regelfall auf abgekürztem Wege (§ 86a RAnwGebO) vollstreckbar festgestellt werden kann.

E] Pflichten.

Der RA

I) hat die Standesehre zu wahren (ähnlich wie ein Beamter)'

II) hat seinen Dauerwohnsitz am Sitz des Gerichts zu nehmen, bei dem er zugelassen ist (Ausnahmen nur bei bes. Erlaubnis),

III) hat bei längerer Verhinderung einen Vertreter zu bestellen (RAnwO, brit. Zone § 39),

IV) hat, wenn er einen Auftrag ablehnen will, das dem Auftraggeber — bei Meidung einer Schadensersatzpflicht — unverzüglich mitzuteilen (RAnwO brit. Zone § 40),

V) hat nach Beiordnung durch das Gericht (z. B. wenn der Rechtsuchende keinen bereiten RA finden kann; RAnwO brit. Zone § 43; in Entmündigungssachen §§ 668, 686 ZPO; in Armensachen der streitigen und der freiwilligen Gerichtsbarkeit §§ 115—116 ZPO, § 14 FGG, RAnwO brit. Zone

§ 44; als Pflichtverteidiger §§ 140ff. StPO, RAnwO brit. Zone § 48) sich der Bearbeitung dieser Sache zu unterziehen,

VI) darf in derselben Angelegenheit nicht auch für den Gegner oder jemanden mit entgegengesetzten Belangen tätig werden (RAnwO brit. Zone § 37 Abs. 1 Nr. 2) (Verstoß u. U. strafbar nach § 356 StGB),

VII) hat über ihm beruflich anvertraute Dinge Verschwiegenheit zu wahren (zu vgl. Aussageweigerungsbefugnis §§ 383 Abs. 1 Nr. 5, 385 Abs. 2 ZPO, § 53 Abs. 1 Nr. 3, Abs. 2 StPO).

F] Standesgerichtsbarkeit.

Zur Wahrung der Standesehre untersteht der RA einer Art Dienststrafgewalt der RA-Kammer (Mißbilligung durch den Kammervorstand) und einer eigenen Standesgerichtsbarkeit (Ehrengericht, darüber Ehrengerichtshof) (Strafen: Warnung, Verweis, Geldstrafe, Ausschließung aus dem Berufsstand).

Zweiter Abschnitt: Rechtsbeistand

Die geschäftsmäßige (außer durch einen RA) Besorgung fremder Rechtsangelegenheiten, wozu auch die außergerichtliche Rechtsberatung, das Fertigen von Schriftsätzen, das Einziehen fremder Forderungen usw. gehört, unterliegt behördlicher Erlaubnis (Gesetz zur Verhütung von Mißbräuchen auf dem Gebiete der Rechtsberatung vom 13. 12. 1935 RGBl I 1478). Die Person, der sie erteilt ist, darf sich „Rechtsbeistand" nennen.

Dieser Erlaubnis bedürfen nicht: behördliche Stellen; Zwangsverwalter, Wirtschaftsprüfer, Vermögensverwalter, Hausverwalter in den mit ihren Aufgaben unmittelbar zusammenhängenden Rechtsangelegenheiten; Angestellte in Angelegenheiten des Dienstgebers (z. B. Syndikus einer Aktiengesellschaft, Justitiar einer Bank). Besonders behandelt wird der Prozeßagent (zu vgl. S. 74).

Voraussetzungen der Erlaubnis:

I) persönliche Zuverlässigkeit,

II) fachliche Eignung (z. B. jahrelange Tätigkeit als Bürovorsteher bei einem RA oder Notar),

III) örtlicher Bedarf.

Zuständig zur Entscheidung über das Gesuch um Erlaubnis ist der LGPr.

Dritter Abschnitt: Prozeßagent

Im bürgerlichen Rechtsstreit sind Personen, die fremde Rechtsangelegenheiten geschäftsmäßig besorgen, vom Auftreten als Bevollmächtigte (§ 79 ZPO) oder Beistände (§ 90 ZPO) in der mündlichen Verhandlung ausgeschlossen; die Justizverwaltung kann aber einer Person, die nicht RA ist, das Verhandeln vor Gericht gestatten (§ 157 ZPO). Eine Person, der diese Erlaubnis erteilt ist, darf sich „Prozeßagent" nennen.

Voraussetzungen der Erlaubnis und Entscheidung über das Gesuch sind ähnlich wie beim Rechtsbeistand geregelt.

Vierter Abschnitt: Patentanwalt

Der im Patentanwaltsgesetz vom 28. 9. 1933 (RGBl I 669) (jetzt i.d.F. des 2. PatÜberleitungsges. vom 2. 7. 1949 WiGBl 179) geordnete Berufsstand des Patentanwalts hat die Aufgabe, Rechtsuchende in Patent-, Gebrauchsmuster- und Warenzeichenangelegenheiten berufsmäßig zu beraten und zu vertreten.

Vor Gericht kann der Patentanwalt in Patent-, Gebrauchsmuster- und Warenzeichenstreitsachen zur Unterstützung des RA für die Partei das Wort ergre fen (§ 9 Abs. 3 PatAnwGes); einer armen Partei kann in solchen Streitsachen vom Gericht ein Patentanwalt beigeordnet werden (Ges. vom 5. 2. 1938 RGBl I 116).

Der Patentanwalt, der nicht nur technisch, sondern in gewissem Umfang auch juristisch ausgebildet sein muß, bedarf der Zulassung zu seinem Beruf. Der Berufsstand war zusammengefaßt in einer Kammer.

Der Patentanwalt hat öffentlich-rechtliche Berufsrechte und -pflichten. Er untersteht einer Standesgerichtsbarkeit.

Fünfter Hauptabschnitt: Hilfspersonen

Erster Abschnitt: Dolmetscher

Der Dolmetscher ist bei Beteiligung einer Person, die der deutschen Sprache nicht mächtig ist, zuzuziehen, wenn nicht alle am Verfahren beteiligten Personen der Fremdsprache mächtig sind und sich ihrer in der Verhandlung bedienen (§ 185).

Kann der Schriftführer den Dienst als Dolmetscher nicht mitversehen (§ 190), so ist für den Einzelfall eine sprachgewandte Person zuzuziehen; diese hat den Dolmetschereid zu leisten oder bei allgemeiner Vereidigung sich darauf zu berufen (§ 189).

Ausschluß und Ablehnung des Dolmetschers richten sich nach den Vorschriften über den Sachverständigen (§ 191).

Auch zur Verhandlung mit Tauben, Stummen und Taubstummen ist, soweit schriftliche Verständigung nicht möglich ist, ein Dolmetscher (meist ein Taubstummenlehrer) zuzuziehen (§ 186; dazu § 483 ZPO).

Zweiter Abschnitt: Übersetzer

Der Übersetzer besorgt (meist außerhalb des eigentlichen Gerichtsverfahrens) die Übersetzung einer fremdsprachigen Urkunde ins Deutsche (§ 142 Abs. 3 ZPO; § 2 VO zur Vereinfachung des Verfahrens auf dem Gebiete des Beurkundungsrechts vom 21. 10. 1942 RGBl I 609).

Nach Richtlinien der Justizverwaltung werden Personen zu solchen Übersetzungen allgemein ermächtigt.

Vierter Teil: Gemeinsame Vorschriften

Zur Gerichtsverfassung rechnet man gewöhnlich auch die für mehrere Zweige gemeinsamen Vorschriften. Bei deren Umgrenzung hält man sich meist an das GVG. Dieses ist aber auch insoweit durch einzelne Nebengesetze ergänzt (z. B. hinsichtlich Urkundenersetzung). Man könnte auch anderes (z. B. Ausschließung und Ablehnung von Gerichtspersonen; Bestimmung des zuständigen Gerichts; Stillstand der Rechtspflege; Unterscheidung zwischen Urschrift, Ausfertigung, beglaubigter und einfacher Abschrift; Behandlung fremdsprachiger Urkunden), was mehr oder weniger in allen Zweigen vorkommt, einbeziehen. Davon ist hier aber abgesehen, da es in den einzelnen Verfahrensgesetzen z.T. verschieden geregelt ist.

Erster Hauptabschnitt: Amtshilfe, Rechtshilfe

A] Begriff.

Jede Behörde darf grundsätzlich nur in ihrem eigenen Amtsbezirk Amtshandlungen vornehmen.

Kann oder will die Behörde die Amtshandlung nicht im eigenen Bezirk vornehmen (z. B. eine außerhalb wohnende Auskunftsperson ist nicht reisefähig), so ersucht sie die örtlich zuständige Behörde darum (z. B. § 304 RAbgO). Diese gegenseitige Unterstützung der Behörden bei Erfüllung ihrer Aufgaben nennt man **Amtshilfe** (zu vgl. Art. 35, 44 GrdGes).

Amtshilfe ist es auch, wenn eine Behörde, die zu einer benötigten Handlung (z. B. zur Abnahme eines Eides) überhaupt nicht befugt ist, darum das Gericht ersucht,

z. B. ein Versicherungsträger der Sozialversicherung an Orten, in denen sich kein Versicherungsamt befindet, das AG (§§ 115, 116 RVO); ein Finanzamt das AG (§ 184 Abs. 2 RAbgO).

Rechtshilfe (= Gerichtshilfe wie Rechtsweg = Gerichtsweg, Rechtskraft = Gerichtskraft) ist die Amtshilfe eines Gerichts in einer Rechtssache einem anderen Gericht gegenüber. Im GVG (§ 156) ist das nur für Strafsachen und bürgerliche Rechtsstreitigkeiten ausgesprochen, für die übrigen Rechtsbereiche in anderen Gesetzen (z. B. § 2 FGG, § 13 ArbGG), meist unter Verweisung auf das GVG.

Weder um Amtshilfe noch um Rechtshilfe handelt es sich, wenn das ersuchende Gericht das andere lediglich um Vornahme einer nur diesem möglichen, nicht im Handlungsbereich des ersuchenden Gerichts liegenden Handlung ersucht,

z. B. Ersuchen des Arrestgerichts ans Registergericht um Eintragung einer Vormerkung zur Sicherung des Arrestpfandrechts in das Schiffsregister (§ 931 Abs. 3 ZPO, ähnlich bei einstw. Verfügung § 941 ZPO).

Ähnlich liegt es beim Ineinandergreifen von Schiedsgericht und staatlichem Gericht nach §§ 1029, 1031, 1036, 1045 ZPO.

B] Rechtshilfe im besonderen.

I) Allgemein.

Das mit einer Rechtssache befaßte Gericht darf in Abweichung von obigem Grundsatz außerhalb des eigenen Gerichtsbezirks Amtshandlungen (selbst oder durch ein Mitglied des Kollegiums: „beauftragter Richter") vornehmen, z. B. Augenschein einnehmen oder Zeugen vernehmen, wenn (§ 166)

a] das AG des Ortes, an dem das Gericht selbst tätig werden will, zustimmt oder b] Gefahr droht (z. B. daß Tatspuren vernichtet werden). Das AG des Ortes ist dann zu benachrichtigen.

Andernfalls ersucht das mit der Rechtssache befaßte Gericht das AG des Ortes im Wege der Rechtshilfe um Vornahme der Amtshandlung. Der AR handelt dann als „ersuchter Richter".

II) Rechtshilfeersuchen.

Das Ersuchensschreiben erläßt beim Gerichtskollegium der Vorsitzer (§ 362 ZPO, § 223 StPO).

Es ist an das AG zu richten, in dessen Bezirk die Amtshandlung vorgenommen werden soll (§ 157). Das ersuchende Gericht muß sich also vorher über die örtliche Zuständigkeit des zu ersuchenden Gerichts vergewissern. Dabei ist zu beachten, daß die Zuständigkeit zur Erledigung von Rechtshilfeersuchen von der Landesjustizverwaltung für mehrere AG-Bezirke einem AG zugewiesen werden kann (9. Teil § 4 NotVO 1. 12. 1930 RGBl I 517), was bei Großstädten mit mehreren AG bisweilen geschehen ist.

Das ersuchte AG hat

a] bei fehlender örtlicher Zuständigkeit das Ersuchen an das örtlich zuständige AG abzugeben (§ 158 Abs. 2 S. 2) (etwas anderes ist die Abgabe des Ersuchens aus Zweckmäßigkeitsgründen nach § 365 ZPO),

b] wenn es örtlich zuständig ist,

1) das Ersuchen eines übergeordneten Gerichts (LG, OLG) stets ohne weiteres zu erledigen,

2) das Ersuchen eines anderen Gerichts abzulehnen, wenn die vorzunehmende Handlung nach dem am Sitz des ersuchten AG geltenden Recht verboten ist (§ 158 Abs. 2 S. 1).

Bei Meinungsverschiedenheiten über die Pflicht zur Erledigung oder die Art der Ausführung des Rechtshilfeersuchens entscheidet auf Antrag eines Verfahrensbeteiligten oder des ersuchenden Gerichts das dem ersuchten Gericht übergeordnete OLG. Gegen dessen Entscheidung gibt es, wenn sie die Rechtshilfe für unzulässig erklärt, Beschwerde an den BGH, aber nur, wenn das ersuchende und das ersuchte Gericht zu verschiedenen OLG-Bezirken gehören (§ 159).

Über Kosten der Rechtshilfe zu vgl. § 164, im Bereich der freiw. Gerichtsbarkeit und Zwangsversteigerung § 13 KostO.

III) Rechtshilfeverkehr mit dem Ausland.

Wieweit für den Rechtshilfeverkehr mit dem Ausland frühere Staatsverträge noch heute fortgelten, läßt sich z. Z. nicht allgemein sagen.

Der Rechtshilfeverkehr mit dem Ausland besteht im wesentlichen in Ausführung von Zustellungen und in Vernehmung von Zeugen.

Auf deutscher Seite sind außer in den einzelnen Verfahrensgesetzen (z. B. §§ 363f. ZPO) die Förmlichkeiten geregelt in der Rechtshilfeordnung für Zivilsachen (ZRHO) vom 6. 9. 1931 (prJMBl 302) und in den Richtlinien für den Rechtshilfeverkehr mit dem Ausland in Strafsachen vom 27. 3. 1934 (DJ 403). Bezüglich der einzelnen ausländischen Staaten, mit denen der Rechtshilfeverkehr wieder aufgenommen ist, ergeht gewöhnlich eine AV des LJM (brZ: anfangs des ZJA).

Zweiter Hauptabschnitt: Sitzungspolizei

A] Aufrechterhaltung der Ordnung.

Bei gerichtlichen Amtshandlungen die Ordnung aufrechtzuerhalten obliegt dem verhandlungsleitenden Richter (beim Kollegium: dem Vorsitzer) (§§ 176, 180).

Seine Maßnahmen können bestehen z. B. in Verwarnung, Entziehung des Wortes, Entfernung aller anwesenden Zuhörer, äußerstens Aufhebung der Sitzung.

Die Anordnungen des Richters können sich gegen alle anwesenden Personen richten.

Eine Verfahrensbeschwerde gegen solche Anordnungen ist nicht vorgesehen. Eine Dienstaufsichtsbeschwerde an den Dienstvorgesetzten ist möglich.

B] Ordnungsstrafgewalt.

Weiter als die der Aufrechterhaltung der Ordnung dienenden Maßnahmen des leitenden Richters geht die Ordnungsstrafgewalt des Gerichts.

I) **Ungehorsam** gegen die vorerwähnten richterlichen Anordnungen kann mit Entfernung aus dem Sitzungsraum und Haft bis zu 24 Stunden geahndet werden (§ 177).

II) **Ungebührliches Verhalten** (z. B. störende Zwischenrufe) kann mit einer Ordnungsstrafe in Geld (bis 1000 DM: VO vom 6. 2. 1924 RGBl I 44) oder Haft (bis zu 3 Tagen), sofort vollstreckbar (§ 179), belegt werden (§ 178).

Befugt hierzu ist nur das Gericht (bei Verhandlungen vor dem Kollegium also dieses).

Der Ordnungsstrafgewalt unterworfen sind Parteien, Beschuldigte, Zeugen, Sachverständige und Zuhörer, nicht aber die an der Rechtssache mitwirkenden Gerichtspersonen (z. B. Schriftführer, Laienbeisitzer) und Rechtsanwälte.

Der Vorfall und der Gerichtsbeschluß sind in die Sitzungsniederschrift aufzunehmen (§ 182).

Gegen den Ordnungsstrafbeschluß gibt es fristgebundene (1 Woche nach Bekanntmachung) Beschwerde an das OLG (falls die Strafe nicht vom OLG selbst oder vom BGH verhängt ist). Aufschiebende Wirkung hat die Beschwerde nur, wenn sie sich gegen eine vom beauftragten oder ersuchten Richter verhängte Ordnungsstrafe richtet (§ 181).

C] Straftaten.

Wird eine Straftat (z. B. Körperverletzung, Beleidigung, Verstoß gegen Wahrheitspflicht) in der Sitzung begangen, so wird der Vorfall in die Sitzungsniederschrift aufgenommen und die Strafverfolgungsbehörde (meist StA) benachrichtigt. Der Richter kann die vorläufige Festnahme des Täters veranlassen (§ 183).

Dritter Hauptabschnitt: Öffentlichkeit

A] Allgemeines.

Öffentlichkeit im Verfahren bietet eine gewisse Gewähr für ordnungsmäßiges Vorgehen. Sie ist deshalb zum **Grundsatz** (§ 169) erhoben für diejenigen Verfahrensarten, an denen die Allgemeinheit am ehesten Anteil nimmt: **Strafverfahren und bürgerlicher Rechtsstreit.** Dieser Grundsatz gilt aber (wie überhaupt das GVG) **nicht** für die **freiwillige Gerichtsbarkeit,** da es sich dort meist um persönliche Angelegenheiten (z. B. Vormundschaft) handelt, an deren Regelung die Allgemeinheit durchweg kaum Anteil nimmt und die auch die Beteiligten meist nicht vor aller Augen und Ohren ausgebreitet wissen möchten.

B] Bedeutung.

Öffentlichkeit bedeutet Zutrittsmöglichkeit für jedermann, Nichtöffentlichkeit Nichtzulassung jeder am Verfahren unbeteiligten Person.
In beiden Richtungen muß aus praktischen Gründen der Personenkreis aber enger bzw. weiter gezogen werden.

I) Öffentlichkeit.

a] Der Zutritt darf Personen **versagt** werden (§ 175 Abs. 1), die nicht als vollbefugte Vertreter der Allgemeinheit anzusehen sind, nämlich

1) solchen, die nicht im Besitz der bürgerlichen Ehrenrechte sind,

2) unerwachsenen,

3) solchen, die in einer der Würde des Gerichts nicht entsprechenden Weise (z. B. maskiert) erscheinen.

b] Das Fassungsvermögen jedes noch so großen Verhandlungsraumes ist begrenzt. Ist der für die Zuschauer bestimmte Platz gefüllt, kann weiteren Personen der Zutritt versagt werden. Es steht auch nichts entgegen, um einem erwarteten Andrang zu steuern, Zulassungskarten auszugeben, wenn dabei jede willkürliche Begrenzung auf gewisse Personenkreise vermieden wird.

c] Mittel, der Allgemeinheit über die bei der Verhandlung anwesenden Personen hinaus eine gewisse Teilnahme am Verfahren zu ermöglichen, sind

1) Übertragung durch Rundfunk,

2) Aufnahme für die Wochenschau,

3) Zeitungsberichte mit oder ohne Lichtbilder.

Die Handhabung ist z. Z. noch nicht im einzelnen geregelt.

II) Nichtöffentlichkeit.

Auch wenn nicht jedermann Zutritt hat, können doch außer den am Verfahren beteiligten Personen anwesend sein:

a] Justizbeamte als Inhaber der Dienstaufsicht (z. B. OLGPr, um sich darüber zu unterrichten, wie der Vorsitzer die Verhandlung führt) (§ 175 Abs. 3),

b] sonstige Personen (z. B. Presseberichterstatter, Wissenschaftler) mit Erlaubnis des Gerichts (§ 175 Abs. 2).

C] Umkreis.

I) Nichtöffentliche Verfahrens**arten:**

a] stets nichtöffentlich:

Vom Grundsatz der Öffentlichkeit ausdrücklich ausgenommen sind, weil bei ihnen die entgegenstehenden Belange überwiegen, gewisse Verfahrensarten, die sich also von vornherein und ohne förmliche Gerichtsanordnung nichtöffentlich abspielen:

1) **Ehesachen** (§§ 606ff. ZPO).

2) Verfahren auf **Entmündigung** (§§ 645—663 ZPO) oder Wiederaufhebung der Entmündigung (§§ 675—678 ZPO) wegen Geisteskrankheit oder -schwäche vor dem AG (§ 171 Abs. 2). Dagegen bedarf es im Verfahren auf Entmündigungsanfechtungsklage (§ 679 ZPO), wenn Entmündigungsgrund Geisteskrankheit oder -schwäche ist, des ausdrücklichen Ausschlusses der Öffentlichkeit, was bei der Vernehmung des Betroffenen stets von Amts wegen zu geschehen hat, im übrigen auf Antrag geschehen darf (§ 171 Abs. 1).

b] auf Anordnung nichtöffentlich:

In Strafsachen kann die Öffentlichkeit für die ganze Hauptverhandlung oder einen Teil ausgeschlossen werden, wenn das Verfahren auf **Unterbringung** des Beschuldigten in einer Heil- oder Pflegeanstalt neben einer Strafe oder ausschließlich abzielt (§ 171a).

II) Nichtöffentliche Verfahrens**abschnitte.**

Öffentlichkeit gilt nicht uneingeschränkt für das ganze Verfahren. Für gewisse Verfahrensabschnitte gelten Besonderheiten:

Nichtöffentlich ist stets die **Beratung und Abstimmung** des Gerichts (§§ 192ff.). Nur wer bei diesem Gericht zur rechtswissenschaftlichen Ausbildung beschäftigt ist (Referendar) darf mit Erlaubnis des Vorsitzers zugegen sein (§ 193), keinesfalls also ein Dienstvorgesetzter.

Nichtöffentlich sind Amtshandlungen des **beauftragten oder ersuchten Richters** (da nicht „erkennendes" Gericht § 169), jedoch dürfen die Verfahrensbeteiligten (ZP: Parteien; StP: Angeklagter und StA) einer Beweisaufnahme stets ohne weiteres beiwohnen (§ 357 Abs. 1 ZPO: sog. „Parteiöffentlichkeit"; § 224 StPO).

III) Ausschließbarkeit.

Ausschließbar ist die Öffentlichkeit für die **Verhandlung** oder einen Teil davon sowie (kraft besonderen Gerichtsbeschlusses § 173 Abs. 2) für die **Verkündung** der **Urteilsgründe** oder eines Teiles davon.

Öffentlich ist (auch in den zu I erwähnten Verfahrensarten) stets die **Verkündung** des Urteilsausspruchs (§ 173 Abs. 1). Öffentlich spielt sich auch immer die Zusammensetzung der Richterbank ab (z. B. Vereidigung der Laienbeisitzer — Schöffen, Geschworene —, Ablehnung einer Gerichtsperson).

a] Ausschlußgründe.

Ausschluß der Öffentlichkeit kann gerechtfertigt sein (§ 172) bei Gefährdung

1) der öffentlichen Ordnung, insbesondere der **Staatssicherheit** (z. B. bei Erörterung der Falschgeldherstellung im Strafverfahren auf Anklage wegen Falschmünzerei),
2) der **Sittlichkeit** (z. B. bei Erwähnung von Einzelheiten des Geschlechtslebens im Rechtsstreit eines unehelichen Kindes gegen den Erzeuger auf Unterhalt),
3) eines wichtigen Geschäfts- oder **Betriebsgeheimnisses** (z. B. im Wettbewerbsrechtsstreit).

b] Verfahren über den Ausschluß.

Ob die Öffentlichkeit ausgeschlossen werden soll, wird öffentlich erörtert, nur dann nichtöffentlich, wenn es ein Beteiligter beantragt oder das Gericht es, da schon dabei gefährdende Dinge zur Sprache kommen werden, für angemessen erachtet (§ 174 Abs. 1 S. 1).
Die Entscheidung des Gerichts darüber, ob die Öffentlichkeit ausgeschlossen wird, muß öffentlich verkündet werden. Dabei ist der Ausschlußgrund anzugeben (§ 174 Abs. 1 S. 2).

D] Verstoß gegen Öffentlichkeitsvorschriften.

I) Verfahrensfolgen bei Verletzung.

Welche Wichtigkeit der Gesetzgeber den Vorschriften über die Öffentlichkeit beimißt, erhellt daraus, daß eine Verletzung sowohl im bürgerlichen Rechtsstreit (§ 551 Nr. 6

ZPO) wie im Strafverfahren (§ 388 Nr. 6 StPO) einen unbedingten Revisionsgrund darstellt. Die Wiederaufnahme rechtfertigt er allein nicht.

II) Schweigepflicht bei gewissen nichtöffentlichen Verhandlungen.
Bei Ausschluß der Öffentlichkeit wegen Gefährdung der Staatssicherheit oder eines Geschäfts-(Betriebs-)geheimnisses kann das Gericht den anwesenden Personen die Geheimhaltung der ihnen in diesem Verfahren bekanntwerdenden Tatsachen durch besonderen mit Beschwerde anfechtbaren, aber sofort wirksamen Beschluß auferlegen (§ 174 Abs. 2). Dann darf darüber auch kein Bericht in der Presse veröffentlicht werden. Zuwiderhandlungen sind strafbar (Art. III Ges. vom 5. 4. 1888 RGBl 133 i. d. F. der NotVO vom 9. 3. 1932 RGBl I 121).

Vierter Hauptabschnitt: Gerichtssprache

A] Allgemeines.
Unter der Überschrift „Gerichtssprache" pflegt man alle Vorschriften darüber zusammenzufassen,

I) welche Sprache — deutsch oder Fremdsprache — vor Gericht zu gebrauchen ist (Gerichtssprache i. e. S.),

II) wie die Verständigung vor Gericht mit Personen geschehen soll, die im Gebrauch der Sinne behindert sind (Stumme, Taube, Blinde).

B] Gerichtssprache i. e. S.
Die Sprache, deren sich vor Gericht Justizpersonen, Verfahrensbeteiligte, überhaupt alle vom Verfahren irgendwie betroffenen Personen grundsätzlich zu bedienen haben, ist die **deutsche** (§ 184). Dadurch ist der Gebrauch einer Mundart (etwa Plattdeutsch), jedenfalls für den mündlichen Verkehr, nicht ausgeschlossen. Die in Art. 113 WeimRV vorgesehenen Vergünstigungen zugunsten fremdsprachiger Volksteile waren nur Richtlinie für die Gesetzgebung. Das Grundgesetz verbietet (in Art. 3 Abs. 3), jemanden wegen seiner Sprache zu benachteiligen.
Wer jedoch einen Schwur zu leisten hat, soll das, damit er die Bedeutung der Eidesworte ja richtig erfaßt, in der ihm geläufigen Sprache tun (§ 188). In solchen Fällen ist dann ein Dol-

metscher zuzuziehen (über die Rechtsstellung der Dolmetscher zu vgl. S. 74), wenn der Richter die Eidesworte nicht in der fremden Sprache vorsprechen kann.

Mit Personen, die der deutschen Sprache nicht mächtig sind, wird in ihrer (Fremd-)sprache verhandelt. Es ist dann ein Dolmetscher zuzuziehen, wenn nicht sämtliche beteiligten Personen der fremden Sprache mächtig sind. Hält der Richter es für erforderlich, wird die fremdsprachige Aussage oder Erklärung so zur Niederschrift genommen und vom Dolmetscher eine Übersetzung beigefügt (§ 185).

Ob einer solchen Person im Anwaltsprozeß (§ 78 Abs. 1 ZPO) bei der mündlichen Verhandlung der persönliche Vortrag zu gestatten ist (§ 137 Abs. 4 ZPO), liegt im Ermessen des Gerichts (§ 187 Abs. 2).

C] Verständigung mit sinnesbehinderten Personen.

I) Stumme.

Zur Verständigung mit Stummen ist, wenn sie nicht schriftlich geschieht, ein Dolmetscher zuzuziehen (meist ein Taubstummenlehrer) (§ 186).

II) Taube.

Zur Verständigung mit Tauben (Gehörlosen) ist, wenn sie nicht schriftlich geschieht, ein Dolmetscher zuzuziehen (meist ein Taubstummenlehrer) (§ 186).

Bei tauben Personen ist es dem Ermessen des Gerichts überlassen, ob es ihnen den persönlichen Vortrag in der mündlichen Verhandlung (z. B. § 137 ZPO) gestattet (§ 187 Abs. 1).

III) Blinde.

Ob Blinde mit Handzeichen (z. B. Kreuzchen) an Stelle der Namenunterschrift unterzeichnen dürfen, ist nicht allgemein geregelt.

Fünfter Hauptabschnitt: Beratung und Abstimmung

Das Kollegialgericht bildet seinen Willen in geheimer Beratung und Abstimmung. Nach deutschem Recht ergehen seine durch den Vorsitzer verkündeten Entscheidungen stets einheitlich (d. h. ohne daß kenntlich wird, wie sie zustandegekommen sind, einmütig oder kraft Mehrheit).

A] Beratungsgeheimnis.

Jede bei Beratung und Abstimmung anwesende Person hat darüber Stillschweigen zu bewahren. Ob und wieweit das Beratungsgeheimnis gelüftet werden darf, wenn für einen Beteiligten etwas davon abhängt, wie er selbst Stellung genommen hat (z. B. bei der Beschuldigung, durch seine Mitwirkung ein Verbrechen gegen die Menschlichkeit begangen zu haben), bedarf noch der Klärung.

B] Anwesenheit.

Um die Geheimhaltung möglichst zu sichern, dürfen außer den zur Entscheidung berufenen Richtern nur die bei diesem Gericht zur rechtswissenschaftlichen Ausbildung Beschäftigten (Referendare) mit Erlaubnis des Vorsitzers anwesend sein (§ 193). Dienstvorgesetzte dürfen der Beratung nicht beiwohnen.

C] Mitwirkung.

Richter wirken nur in der gesetzlich bestimmten Anzahl mit (§ 192 Abs. 1).

„Ergänzungsrichter" nennt man den auf Anordnung des Vorsitzers zugezogenen Richter, der Verhandlungen von längerer (insbes. den sog. Monstresachen von wochen-, ja monatelanger) Dauer beiwohnt und im Falle, daß ein Richter während der Verhandlung (durch Tod oder Krankheit) ausscheidet, einspringt (§ 192 Abs. 2). Entsprechend gibt es „Ergänzungsschöffen" und „Ergänzungsgeschworene" (§ 192 Abs. 3).

D] Leitung.

Die Leitung der Beratung, das Stellen der Fragen und Sammeln der Stimmen obliegt dem Vorsitzer (§ 194 Abs. 1).

Meinungsverschiedenheiten über Gegenstand, Fassung und Reihenfolge der Fragen oder über das Abstimmungsergebnis entscheidet das Kollegium (§ 194 Abs. 2).

E] Reihenfolge der Abstimmung (§ 197).

Es beginnt der BE. Ihm folgen die Laienrichter, und zwar nach dem Lebensalter, der jeweils jüngere voran. Sodann folgen die Berufsrichter, und zwar nach dem Dienstalter, bei gleichem Dienstalter nach dem Lebensalter, voran der jüngere. Als letzter stimmt der Vorsitzer.

Daß jemand bei einer vorangegangenen Frage überstimmt worden ist, ist kein Grund, bei späteren abzuspringen (§ 195);

z. B. wer entgegen der Mehrheit für „nichtschuldig" gestimmt hat, muß nach deutschem Recht bei der Straffrage sich über Art und Höhe der Strafe schlüssig machen, obwohl nach seiner eigenen Meinung gar keine Strafe verhängt werden sollte.

F] Berechnung der Mehrheit.

Jede Stimme wiegt **gleich.**

Im allgemeinen genügt **einfache** (absolute) Mehrheit (§ 196 Abs. 1).

I) Darüber, ob **nach Gründen oder nach Ergebnis** abzustimmen ist, herrscht Streit. Wie wichtig dieser Unterschied ist, zeigt folgendes Beispiel:

Will in der Beratung einer KfHs der eine Handelsrichter die Klage abweisen, weil die Schuld bezahlt sei, der andere, weil der Anspruch nicht bewiesen sei, der Vorsitzer aber mangels Zuständigkeit des Gerichts, und billigt keiner die Ansicht der anderen, so ist das Ergebnis:
bei Abstimmung nach **Gründen:** daß der Klage stattzugeben ist, da für jede Voraussetzung: Zuständigkeit, Entstehung und Nichterlöschen des Anspruchs eine Mehrheit vorhanden ist,
bei Abstimmung nach **Ergebnis:** daß die Klage abzuweisen ist, da alle Richter dies wünschen.

Richtig ist die Abstimmung nach Gründen, weil sich das Ergebnis erst auf den Gründen aufbaut und für jeden einzelnen Grund eine Mehrheit da sein muß.

II) Bei Abstimmung über **Summen** gilt das **Zuzählungsverfahren** (Kombinationsmethode) (§ 196 Abs. 2).

Bestehen mehr als 2 Meinungen, von denen keine eine Mehrheit auf sich vereinigen kann, so rechnet man die für die höchste abgegebenen Stimmen dem nächstniederen Vorschlag so lange hinzu, bis sich eine Mehrheit ergibt;

z. B. stimmt in der Beratung einer ZK über die Höhe des Schmerzensgeldes der BE für 3500 DM, der andere Beisitzer für 1500 DM, der Vorsitzer für 1000 DM, so ist das Ergebnis nicht etwa $3500 + 1500 + 1000 = 6000 : 3 = 2000$ DM, ein Betrag, den ja niemand gewollt hat, sondern 1500 DM, da hier die Stimme des BE der des anderen Beisitzers mit dem nächstniederen Vorschlag zugezählt wird, dieser dann aber 2 Stimmen auf sich vereinigt.

III) In Strafsachen gilt folgendes:

Bilden sich, abgesehen von der Schuldfrage, mehr als 2 Meinungen, von denen keine die erforderliche Mehrheit für sich hat, so rechnet man die dem Beschuldigten nachteiligsten Stimmen so lange den nächst weniger nachteiligen zu, bis die erforderliche Mehrheit erreicht ist (§ 196 Abs. 3 S. 1). Bilden sich in der **Straf**frage 2 Meinungen, von denen keine die erforderliche Mehrheit auf sich vereinigt, so ist die **mildere** Meinung maßgebend (§ 196 Abs. 2 S. 2).

Sechster Hauptabschnitt: Ersetzung nicht mehr vorhandener Urkunden

A] Allgemeines.

Ist jemandem die für den Rechtsverkehr wichtige Ausfertigung einer öffentlichen Urkunde abhandengekommen, so läßt er sich an Hand der Urschrift eine weitere Ausfertigung ausstellen, was auch bei vollstreckbaren Ausfertigungen sowohl gerichtlicher Urteile wie vollstreckbarer Urkunden zulässig ist. Das Nähere regeln die Verfahrensgesetze (z. B. §§ 733, 797 ZPO).

Ist dem Gläubiger ein Hypothekenbrief abhandengekommen, so betreibt er im Aufgebotsverfahren (§§ 946ff., 1003ff. ZPO) die Kraftloserklärung und läßt sich nach Erwirkung des Ausschlußurteils vom Grundbuchamt einen neuen Hypothekenbrief ausstellen.

Einen Weg, den Inhalt einer nicht mehr vorhandenen Urkunde festzuhalten, bietet die Beweissicherung (§§ 485ff. ZPO).

Die Vernichtung ganzer Akten- und Urkundenbestände bei Gerichten oder Notaren war früher äußerst selten. Man konnte die Frage der Wiederherstellung deshalb einer Regelung im Einzelfall überlassen (z. B. für das Grundbuchwesen kraft § 123 BGO). Im Kriege wurden so viele Urkundensammlungen zerstört, daß eine allgemeine Regelung unabweisbar wurde. Diese Vorschriften gliedern sich in solche über gerichtliche und notarische Urkunden allgemein, über Hypothekenbriefe, über Grundbücher sowie Grundakten und über Register.

B] Ersetzung gerichtlicher und notarischer Urkunden.

Wie nicht mehr vorhandene gerichtliche oder notarische Urkunden ersetzt werden, steht in der VO vom 18. 6. 1942 (RGBl I 395).

Sie gilt gleichmäßig für Urkunden der freiwilligen Gerichtsbarkeit, des bürgerlichen Rechtsstreits und des Strafverfahrens (z. B. Urteil in Privatklagesachen). Deshalb ist sie hier bei der Darstellung der Gerichtsverfassung mitzuerörtern. Die VO spricht von „Beteiligten". Wer das im Einzelfall ist, bestimmt das Gericht oder der Notar nach freiem Ermessen (§ 5 Abs. 3 VO).

Hat ein Beteiligter die ihm erteilte Ausfertigung eingebüßt und bedarf er noch zu weiteren Rechtshandlungen einer Ausfertigung, so kann ihm diese, wenn keine Urschrift mehr vorhanden ist, nicht eher erteilt werden, bis die Urschrift ersetzt ist. Denn von einer etwa noch vorhandenen anderen Ausfertigung kann an sich keine neue Ausfertigung hergestellt werden (wohl eine begl. Abschrift, aber die genügt oft nicht). Die VO regelt also, wie die nicht mehr vorhandene Urschrift ersetzt wird.

I) **Wodurch** wird die Urschrift ersetzt?

a] Ersatzurkunde.
Ist noch irgendwo eine Ausfertigung oder begl. Abschrift der Urkunde mit dem vollen Wortlaut vorhanden, so wird davon eine begl. Abschrift hergestellt und auf dieser Ersatzurkunde vermerkt, daß sie an die Stelle der nicht mehr vorhandenen Urschrift tritt (§ 1 VO).

b] Inhaltsfeststellung.
Ist nirgends eine Ausfertigung oder begl. Abschrift der Urkunde mehr aufzutreiben, so wird ihr Inhalt, wenn er mit der gebotenen Gewißheit — etwa an Hand einer einfachen Abschrift, eines Entwurfs, einer dienstlichen Äußerung der Urkundsperson oder Aussage eines Urkundszeugen — ermittelt werden kann, durch Beschluß festgestellt (§ 3 VO).

II) **Wessen** Urkunden werden ersetzt?

So ersetzt werden können nur Urkunden

a] der **Gerichte**, und zwar der zum Justizbereich gehörenden Gerichte, da die Ermächtigung, auf der die VO beruht, nur diese umfaßt, und der RJM, der die VO erlassen hat, nur für diese zuständig war, also nicht Urkunden der Verwaltungsgerichte, auch nicht Urkunden der Justizverwaltung (z. B. nicht Befreiung vom Ehehindernis des Ehebruchs);

b] der **Notare**;

c] von Wehrmachtdienststellen, aber nur, wenn sie im Bereich der freiwilligen Gerichtsbarkeit aufgenommen sind (z. B. Wehrtestament) und bei Gericht verwahrt werden (§ 8 VO).

III) Urkunden **welchen Inhalts** werden ersetzt?

So ersetzt werden können

a] gerichtliche **Entscheidungen,**

b] **sonstige öffentliche Urkunden,** gleich ob

1) **Niederschriften,** z. B. Sitzungsniederschriften aus bürgerlichem Rechtsstreit mit gerichtlichem Vergleich der Parteien,

2) **Zeugnis,** z. B. Unterschriftsbeglaubigung (zu beachten ist, daß die über der Unterschriftsbeglaubigung stehende Erklärung keine öffentliche Urkunde darstellt, selbst wenn sie von einem Notar entworfen ist, also nicht auf diesem Weg ersetzt werden kann).

Zum Bestandteil der öffentlichen Urkunde gewordene, an sich privatschriftliche Anlagen, z. B. das bei Errichtung des öffentlichen Testaments übergebene Schriftstück (§ 2238 BGB), werden mit ersetzt.

Nicht auf diesem Weg ersetzbar ist das eigenhändige Testament (§ 2231 Nr. 2 BGB) (zu vgl. AV vom 2. 6. 1944 DJ 168). An sich würden auch Hypothekenbriefe hierhin gehören. Für sie ist aber eine eigene Regelung getroffen (zu vgl. S. 91). Sie fallen nicht unter die VO vom 18. 6. 1942 (AV vom 31. 7. 1942 DJ 525).

IV) Unter welchen **Voraussetzungen** wird ersetzt?

Ersetzt werden können Urkunden, die

a] ganz oder teilweise **zerstört** worden sind,

b] **abhandengekommen** sind, worunter auch vorsätzliches Beiseiteschaffen fällt.

Daß es im Kriege geschah oder der Krieg auch nur irgendwie hineinspielt, ist hier nicht erfordert.

Es muß Anlaß zur Ersetzung der Urschrift bestehen. Das wird besonders dann der Fall sein, wenn eine neue Ausfertigung benötigt wird.

V) In welchem **Verfahren** wird ersetzt?

a] Die Ersetzung geschieht **von Amts wegen oder auf Antrag** eines Beteiligten.

b] **Zuständig** zur Ersetzung ist grundsätzlich (§ 4 VO), wer die Urkunde aufgenommen oder ausgestellt hat, gleich, wo sie verwahrt wird, also je nachdem das Gericht (Richter, Rechtspfleger, UdG) oder der Notar.

Ausnahmen:

1) Statt eines ausgeschiedenen Notars wird die Dienststelle tätig, die seine Akten verwahrt (im allg. das AG, zu dem sein Amtssitz gehörte) (§ 4 Abs. 1 S. 2 VO).
2) Statt der Wehrmachtdienststelle wird das AG tätig, das die Urkunde verwahrt (§ 8 VO).

c] Das Verfahren im einzelnen:

Nimmt man an, daß jemand noch eine Ausfertigung oder begl. Abschrift der Urkunde besitzt, so kann das Gericht (schwebt das Ersetzungsverfahren bei einem Notar, auf dessen Ersuchen) dem Besitzer aufgeben, sie ihm zur Einsicht vorzulegen (§ 2 VO). Der Besitzer darf das nicht (etwa nach Art der Aussageweigerungsbefugnis) ablehnen. In Sachen der freiwilligen Gerichtsbarkeit ist unmittelbarer Zwang anwendbar (§ 33 FGG).

Im übrigen bestimmt das Gericht oder der Notar sein Verfahren nach freiem Ermessen (§ 3 Abs. 2 VO). Vor der Inhaltsfeststellung ist Anhörung der Beteiligten (beim bürgerlichen Rechtsstreit: der Parteien) geboten. Das Gericht oder der Notar kann Zeugen oder Sachverständige vernehmen. Vereidigung oder Maßnahmen bei Weigerung der Aussage obliegen dem Gericht.

Wir die Ersatzurkunde dem Beteiligten ausgehändigt, so hat sie außer dem Beglaubigungs- und dem Ersetzungsvermerk auch noch Siegel oder Stempel des Gerichts oder des Notars zu tragen (§ 1 Abs. 2). Verbleibt die Ersatzurkunde in amtlicher Verwahrung, werden die davon hergestellten Ausfertigungen dem Beteiligten zugestellt (§ 5 Abs. 1 VO).

Der den Inhalt feststellende Beschluß des Gerichts oder des Notars ist den Beteiligten zuzustellen (§ 5 Abs. 2 VO).

d] Rechtsbehelfe (§ 5 VO).

1) Lehnt das Gericht die Ersetzung ab, kann der Antragsteller dagegen einfache Beschwerde (§§ 19, 20 FGG,

§ 567 ZPO, § 304 StPO) einlegen, lehnt der Notar sie ab, Aufsichtsbeschwerde an den LGPr.

2) Ersetzt das Gericht oder der Notar die Urkunde, so kann
   α) der Antragsteller und der Beteiligte, dem eine Ausfertigung oder der den Inhalt feststellende Beschluß zugestellt worden ist, sofortige Beschwerde (§ 22 FGG, § 577 ZPO, § 311 StPO) einlegen, gegen Amtshandlungen des Notars an die ZK des LG,
   β) jeder sonstige Betroffene (gegen den ja mangels Zustellung keine Rechtsmittelfrist in Gang gesetzt ist) die erneute Einleitung des Verfahrens beantragen und gegen die Ablehnung der Änderung sofortige Beschwerde einlegen.

C] Ersetzung von Hypothekenbriefen.

Die Ersetzung von Hypotheken-, Grundschuld- und Rentenschuldbriefen ist in § 8 der VO zur Vereinfachung des Grundbuchverfahrens vom 5. 10. 1942 (RGBl I 573) (brtZ: i. d. F. der VO vom 12. 5. 1947 VOBlBZ 52) besonders geregelt.
Bei Verlust infolge des Krieges wird das umständliche Aufgebotsverfahren erspart.

D] Wiederherstellung von Grundbüchern und Grundakten.

Wie zerstörte Grundbücher und Urkunden, auf die in Grundbucheintragungen Bezug genommen ist oder auf die sie sich gründeten, ersetzt werden, ist in der VO vom 26. 7. 1940 (RGBl I 1048) geregelt.

E] Wiederherstellung von öffentlichen Registern.

Ausdrückliche Vorschriften sind nur über Wiederherstellung kriegszerstörter Handels- und Genossenschaftsregister ergangen, und zwar in der AV vom 15. 2. 1945 (DJ 35).

F] Ersetzung von Gerichtsakten.

Nicht mehr vorhandene Gerichtsakten sucht man wiederherzustellen, indem man aus Akten der Verfahrensbeteiligten Überstücke entnimmt oder Abschriften herstellt, so zu Akten

1) der freiwilligen Gerichtsbarkeit: etwa für vormundschaftsgerichtliche Akten aus Akten des Jugendamts,
2) der streitigen Gerichtsbarkeit: aus Handakten eines RA,
3) der Strafgerichtsbarkeit: aus Handakten der StA.

Siebenter Hauptabschnitt: Gerichtsferien

Im Hinblick auf den alljährlichen Erholungsurlaub der Richter und Beamten, die Abwesenheit von Laienbeisitzern und Rechtsanwälten zu Erholungszwecken und die besondere Inanspruchnahme der ländlichen Bevölkerung während der Ernte soll in der Zeit vom 15. Juli bis 15. September, den sog. Gerichtsferien (§ 199), nur Dringendes gefördert werden. Gewisse Verfahren werden von dieser Sperre überhaupt nicht betroffen (§ 202): Kostenfestsetzungs-, Mahn-, Zwangsvollstreckungs-, Konkurs-, Vergleichsverfahren, auch nicht die freiw. Gerichtsbarkeit. Feriensachen sind ohne weiteres (§ 200 Abs. 2): Straf-, Arrest- und einstw. Verfügungs-, Meß- und Markt-, Miet-, Unterhalts-(Alimenten-), Wechsel- und Scheck-, Bausachen. Beim AG müssen, beim LG und bei den höheren Gerichten können andere im Einzelfall auf Antrag zu Feriensachen ausdrücklich erklärt werden (§ 202 Abs. 3—4). Nur in Feriensachen dürfen während der Ferien Termine abgehalten und Entscheidungen erlassen werden (§ 200 Abs. 1). Spruchkörper gleicher Art können für diese Zeit zusammengelegt werden (§ 201) (z. B. Ferienzivilkammer). Die besondere Vorschrift über den Fristenlauf im bürgerlichen Rechtsstreit (§ 233 Abs. 1—2 ZPO) gewinnt besondere Bedeutung: unveränderter Lauf der Frist zur Einlegung eines Rechtsmittels, aber Hemmung der Begründungsfrist, so daß bei einem vor den Ferien eingelegten Rechtsmittel der Rest der Begründungsfrist nach den Ferien läuft, bei einem in den Ferien eingelegten aber die ganze Begründungsfrist erst am Schluß der Ferien beginnt, in solchen Sachen also erst am 15. Oktober endet.

Stichwörterverzeichnis

T

U

V

W

Z

FSC
www.fsc.org
MIX
Papier | Fördert
gute Waldnutzung
FSC® C083411

Kolibri 360 GmbH
Ferdinand-Jühlke-Straße 7
99095 Erfurt, Deutschland
produktsicherheit@kolibri360.de